杨修

狂妄自大的盖世文才

刘维贵 著

辽宁人民出版社

© 刘维贵　2026

图书在版编目（CIP）数据

杨修：狂妄自大的盖世文才 / 刘维贵著. -- 沈阳：辽宁人民出版社，2026.1. -- ISBN 978-7-205-11583-8

Ⅰ. K825.6

中国国家版本馆 CIP 数据核字第 2025FB4509 号

出版发行：辽宁人民出版社
　　　　　地址：沈阳市和平区十一纬路 25 号　邮编：110003
　　　　　电话：024-23284191（发行部）　024-23284304（办公室）
　　　　　http://www.lnpph.com.cn
印　　刷：固安县云鼎印刷有限公司
幅面尺寸：145mm×210mm
印　　张：6.5
字　　数：105 千字
出版时间：2026 年 1 月第 1 版
印刷时间：2026 年 1 月第 1 次印刷
责任编辑：赵维宁　姚　远
封面设计：乐　翁
版式设计：一诺设计
责任校对：冯　莹
书　　号：ISBN 978-7-205-11583-8
定　　价：39.80 元

序　言

　　提及百姓最为熟悉的历史篇章，三国时期无疑占据了一席之地。其人才济济、英雄辈出的景象，为其他历史时段所难以匹敌，流传至今的逸事也成了百姓日常的谈资。诸多三国故事更被艺术家们传诵于后世，并于明朝初年被罗贯中巧妙地整合为一部经典的章回体小说——《三国演义》，广为流传。

　　而在这一历史时期，有一个独特的人物不容忽视。尽管他在官方史籍《三国志》中并未留下多少墨迹，但他在民间有着极高的知名度。他就是曹魏集团中的一位天才秘书——杨修。他聪明绝顶，文采极好，尤其是在《三国演义》中的故事被广为传诵，甚至有一则故事被选入课本，让更多人了解了他的传奇人生。

　　杨修（175—219），字德祖，弘农华阴（今陕西华阴东）人，东汉末年文学家。杨氏家族为汉代名门，先祖杨喜在汉高祖时立功，封赤泉侯。高祖杨震、曾祖杨秉、祖杨赐、父杨彪四世历任司空、司徒、太尉三公之位，与东汉末年的袁氏世家并驾齐驱，声名显赫。杨氏一门亦颇家学渊源，《后汉书》记载杨震父杨宝"习《欧阳尚书》。哀、平之世，隐居教授"，而杨震"少好学，受《欧阳尚书》于太常桓郁，明经博览，无不穷究。诸儒为之语曰：'关西孔子杨伯起。'常客居于湖，不答州郡礼命数十年"，震子杨秉"少传父业，兼明《京氏易》，博通书传，常隐居教授……桓帝即位，以明《尚书》征入劝讲"，秉子杨赐"少传家学，笃志博闻。常退居隐约，教授门徒……建宁初，灵帝当受学，诏太傅、三公选通《尚书》桓君章句宿有重名者，三公举赐，乃侍讲于华光殿中"，赐子杨彪"少传家学……熹平中，以博习旧闻，公车征拜议郎"，是以杨氏一门，于东汉末年的才学声名，几与孔氏世家并驾，而官爵显赫犹有过之。

杨修，少好学，有俊才，因为家学渊源而人又聪慧，文采斐然，又擅长书画，所以在当时颇有令名。

建安中，举孝廉，除郎中，又任丞相府主簿。与曹植志趣相投，被引为羽翼，交往甚密。曾为曹植谋取太子地位。曹植失宠于曹操，曹操因杨修有智谋，又为袁术外甥，虑有后患，于建安二十四年（219）秋借故将其杀害。杨修死后约三个月曹操亦亡故。

序　言

关于杨修被杀的原因,有很多版本。有曹操妒才说、泄露军机说、参与夺嫡说,还有政见不同铲除异己说、性格缺陷说……至今没有盖棺论定。但说他是专制独裁者刀下的牺牲品,肯定不会错。杨修死时正值壮年。一代人才就这么死了,确实令人非常痛惜。

杨修生前就已名冠一时,死后更是为后人议论纷纷,然而关于他的历史文献记载零散鲜寡,没有独传传于后世。可见实物唯有杨修墓,处于华山脚下的河湾村附近,今且仅存墓碑一通,立于村西南魏长城遗址上。斯人已逝千余载,在史料瀚海之中搜补罗列,辅以"杜撰"之能,辑佚"穿凿"成册,以飨读者。

是为序。

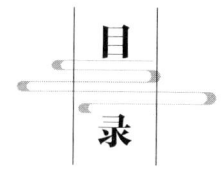

目录

序言 / 001

第一章 人杰地灵 家世显耀

第一节 华阴福地 / 002

第二节 弘农杨氏 / 003

第二章 天降非凡 锋芒初露

第一节 神童降世 / 018

第二节 机敏少年 / 020

第三章 书院耕读 以文会友

第一节 求学之路 / 026

第二节 四知书院 / 029

第三节 入仕之辩 / 033

第四章　锋芒毕露　智勇双全

第一节　不拘一格 / 044

第二节　月旦评记 / 046

第三节　衣带风波 / 057

第四节　人生劲敌 / 064

第五章　登科入仕　拜为相簿

第一节　孝廉郎中 / 070

第二节　署仓曹属 / 072

第三节　丞相主簿 / 074

第六章　文韬武略　争与交好

第一节　花间道友 / 086

第二节　莫逆之交 / 088

第三节　推心置腹 / 091

第四节　人生知己 / 095

第五节　重惠厚意 / 102

目 录

第七章　小施捷悟　揣度人心

第一节　众伏辩悟 / 108

第二节　绝妙好辞 / 110

第三节　杨修啖酪 / 112

第四节　德祖改门 / 116

第五节　预敕答教 / 118

第八章　劫数难逃　身陷囹圄

第一节　立嗣之争 / 124

第二节　司马门案 / 129

第三节　扰乱军心 / 136

第四节　死之晚矣 / 142

第九章　身后无传　千古成谜

第一节　四封书信 / 148

第二节　死因之谜 / 153

第三节　另有深意 / 160

第十章　文耀后世　生动传奇

第一节　个人作品 / 170

第二节　多面形象 / 187

附　录 / 192

后　记 / 194

第一章

人杰地灵　家世显耀

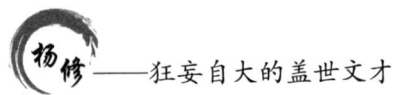
杨修——狂妄自大的盖世文才

第一节 华阴福地

在历史的长河中,华阴之地,其名悠然回响于《尚书·禹贡》的古老篇章,不仅因坐落于西岳华山之北而得此雅称,更蕴藏着一段段神话与传说的瑰丽色彩。相传,远古之时,天地未分,混沌一片,是开天辟地的巨神盘古,以无上神力劈开混沌,清气上升为天,浊气下沉为地,而华山,便是那擎天巨柱遗留于世的伟岸身影,守护着这片土地。

华阴自古以来便是人杰地灵之地。早在新石器时代,先民们便在这灵山秀水间,沐浴着华山的灵气,依偎着渭河,繁衍生息,编织着畜牧农耕的朴素生活画卷。而那华山脚下的仰韶文化遗址,如同璀璨星辰,照亮了华夏文明起源的天空,成为中华民族不可磨灭的文化印记,让人不禁遐想,或许正是这座神圣之山的庇佑,孕育了后来"华夏""中华"这些响亮而令人自豪的称谓,它们如同血脉般流淌在每一个中华儿女的心中。

随着历史的车轮滚滚向前,禹分九州,华阴归于雍州之境,春秋烽火中,它曾是晋国的疆土,阴晋邑的设立,见证了岁月的沧桑与变迁。至公元前332年,秦国的铁骑踏过这片土地,设宁秦县以治。直至西汉高祖八年(前199),一个全新的名字——

第一章 人杰地灵 家世显耀

"华阴县"横空出世,犹如华山上的一抹朝霞,照亮了这片土地的未来,至今已历经2000余年的风雨洗礼。

华阴系陕西的东大门,南依秦岭,北临黄渭,东据函崤,西接长安,是三秦要冲之地,素为兵家所争。中外驰名的西岳华山雄踞域中。自古即有"山川之胜甲于中"之赞誉,如今更添"中原入陕第一市"之美称。这里山清水秀,土地肥沃,物产丰富,人民勤劳,文臣武将,历代辈出。

诸多的历史名人,给华阴留下了丰富的文化遗产。古遗址、古墓葬、古建筑、古书院以及碑刻、题词、诗文著述等文化遗迹,见证了华阴悠久的历史文化传统。

历史悠久,地貌多样,造就了丰富的人文和自然景观,沃壤千里,灌溉便利,宜农、宜牧、宜渔,物产丰饶,交通便捷,使华阴成为关中东部的富庶之区、经济重镇。

第二节 弘农杨氏

华山脚下,华阴福地,孕育了一支家世显耀的氏族——弘农杨氏。

在中国历史上,杨氏家族以东汉弘农杨氏和北宋杨家将最为著名。弘农杨氏以杨震为代表,"四世三公",扬名天下;杨家将以杨业为代表，抗辽卫国，名垂青史。

据宋代史学家、校雠学家郑樵《通志·氏族略》记载，弘农杨氏，即是春秋羊舌氏后裔。

简言之，弘农杨氏，是以弘农郡（今陕西华阴）为郡望的杨姓士族，其姓氏起源可追溯到上古时期。弘农杨氏源自姬姓，为晋国公族羊舌氏，太傅叔向之后。其先祖在晋顷公十二年（前514）因避灭族之祸，举族东渡黄河，逃居于华山白羊峰（今陕西华阴）的山洞（羊公石室），并隐姓埋名，始以祖宗封地"杨"为姓，逐渐繁衍成为弘农杨氏。

作为关陇勋贵的弘农杨氏究竟发迹于哪一代呢？这就不得不说到西楚霸王项羽，其一人死而换一家族兴。

公元前202年，楚汉战争的最后一役——垓下之战，在楚军的兵败如山倒中，渐渐落下帷幕。一代英雄西楚霸王项羽，面对滚滚乌江，不肯再过江东，毅然自刎而死，这标志着刘邦彻底取得了胜利。

项羽死后，一共有5人分得了他的遗体，拿到汉王刘邦面前请功。其中一个叫杨喜的人被封为了赤泉侯。此后，杨喜的子孙们发展成为我国历史上赫赫有名的大家族——"弘农杨氏"。

那么，杨喜是何人？据《华阴县志》记载：

杨喜（？—前180），字幼罗，秦时宁秦（陕西华阴）人。父

第一章 人杰地灵 家世显耀

杨硕,字太初,曾率八子随沛公征战南北,善察天文,封太史公,晚年隐居华山仙峪,评为乡贤。

据此说,是霸王之死,间接促成了这个家族的兴旺,然而这实在是一种有失公允的说法。

古今中外,一个大家族的确立,一般不是一代人一蹴而就,往往需要几代人艰苦的努力。不过,要从源头来说,杨喜确实是弘农杨氏真正的先祖。或者说,是给后来弘农杨氏的兴旺,奠定了基础。

那么,"弘农杨氏"到底是怎么崛起的?今天,我们追寻历史的足迹为读者诸君梳理一番。

一、弘农杨氏的奠基人——杨敞父子

在杨喜被封侯之后,杨家也并非一路顺遂。杨喜及其子孙,虽然是汉初的功臣之一,但无人担任朝廷大员、封疆大吏,更谈不上对西汉朝政产生影响。

在汉武帝时期,杨喜的孙子杨毋害甚至因犯罪被剥夺了封地、爵位,家道中落。

不过,经过几代人的努力,一个人的出现,又为家族的兴旺燃起了星星之火,他就是杨毋害的儿子杨敞。

杨敞(?—前73),字君平,西汉弘农华阴人,是《史记》

撰者司马迁女儿司马英的丈夫。昭帝时,初在霍光军中任司马,得霍光厚爱。后升大司马、御史大夫,并任丞相,封安平侯。

《汉书·杨敞传》记载,杨敞之所以发迹,并非沾了杨喜的光。原来,杨敞之所以能身居高位,靠的是大将军霍光的提携,官至丞相。

后来,霍光打算废掉昌邑王,立汉宣帝。杨敞在其妻司马氏(司马迁之女)的劝导下,举双手赞成。据《华阴县志》记载,宣帝即位后,杨敞因辅佐登基有功,得到了食邑封赏。

杨敞的两个儿子杨忠和杨恽,也是非常出色的人才。特别是杨恽,因为后来告发霍光谋反有功,获封平通侯,迁中郎将。

杨恽(?—前54),字子幼,好史学,学读《太史公书》,学识渊博,好结交英俊诸儒,名扬朝野。宣帝时,为左曹(尚书),以功封为平通侯。任中郎将统领皇帝侍从,官至郎中令。虽然后来杨恽被罢官,也失去了爵位,但其为官清正、仗义疏财,博得了美名。

地位、财富、名声,杨敞父子无疑为家族的振兴奠定了基础。

二、弘农杨氏的崛起——杨震

在东汉时期,儒家曾出现了一位大人物,他有一个响当当的

第一章　人杰地灵　家世显耀

雅号——"关西孔子"。而他就是杨恽的重孙杨震。

杨震（？—124），字伯起，赤泉侯杨喜之八世孙，杨宝之子。杨震幼随父读书，敏而好学，"明经博览，无不穷究"，很有学问。曾在华阴讲学数十年，有弟子三千，被誉为"关西孔子"。"不答州郡礼命，众人谓之晚暮，而震志愈笃。"年届五十，经大将军邓骘举荐，"乃始仕州郡"。不久，擢任荆州刺史，任职期间，曾以朝廷"察举"制，举荐茂才王密为昌邑（今山东昌邑）县令。

杨震敏而好学，师从精通《尚书》的大儒桓郁。而桓郁还有一个特殊身份，他是东汉章帝、和帝的老师。

因为桓郁帝师的地位，又因东汉非常重视儒学，于是杨震较早步入仕途，也就成了顺理成章的事。

杨震最初在地方任职数年，进入朝廷以后，得到快速升迁，最后做到了司徒、太尉，位极人臣。而更难能可贵的是，杨震有着极高的个人道德操守。

杨震赴任东莱（今山东莱州）太守时，途经昌邑，县令王密闻讯，深夜来访，怀揣黄金10斤，奉送杨震，以报举荐之恩。杨震道："故人知君，君不知故人，何也？"密答："夜幕无知者。"震斥之曰："天知，神知，子知，我知，何谓无知？"王密持金羞愧而走。后人尊称杨震为"四知先生"。

《后汉书·杨震列传》中还记载了这样一个小故事：

杨震的子孙吃不起肉、骑不起马，有人劝杨震为子孙经营产业，而他却不肯，坚持以"清白"自处。因此，杨震的家族也获得了"清白门第，四知家风"的美誉。

元初四年（117），杨震应诏入朝，先任太仆，继任太常。永宁元年（120）迁任司徒，主司国家民政。翌年，邓太后去世，安帝乳母王圣因保养之功，横行霸道，干预朝政，诸臣敢怒而不敢言。杨震挺身而出，直谏安帝弹劾王圣，他说："政以得贤为本，理以去秽为务，宜速出阿母，令居外宅。"安帝不悦。不久，安帝又违反常规，同意王圣的女婿刘瑰承袭其堂弟朝阳侯刘护的爵位。杨震认为很不合理，又上疏安帝说："过去天子专封封有功，诸侯专爵爵有德，今瑰无他功，只因婚配陛下乳母之女，一时位至侍中，又至封侯，不稽旧制，不合经义，请您收回成命。"安帝置若罔闻。

延光二年（123）十月，杨震代刘恺为太尉，主管国家军事。他事事坚持原则，在用人方面，反对任人唯亲。时安帝舅父耿宝找杨震为宦官李闰的兄长说情，说："李常侍为国家所重，皇上想让你提拔其兄。"杨震答："如是皇上之意，那就应该有尚书台（皇帝宫廷办事机构）的指令。"耿宝大恨而去。皇后的兄长阎显举荐亲族，杨震亦未从。

第一章 人杰地灵 家世显耀

延光三年（124）初，中常侍樊丰及侍中周广、谢恽等人借安帝下令为王圣大兴土木之机，伪造安帝诏书，动用国资，为自己建宅。杨震又一次上奏安帝说："现在有些人不与陛下同心，他们骄溢逾法，多请徒士，作威作福，盛修宅舍，耗费巨亿，使国家蒙受损失，诚望陛下奋乾刚之德，弃骄奢之臣，以免皇天的惩戒！"安帝扭头拒听。不久，安帝出游泰山，樊丰等人又借机扩大修宅规模，竞修第舍。杨震了解到樊丰等人修宅的圣旨原为伪造，又准备上奏安帝。不料被樊丰等人察觉，他们竟恶人先告状，秘密派人前往泰山，在安帝面前诬陷杨震为邓太后故吏，对安帝有怨恨之心。

安帝对杨震直谏屡有不悦，听到此言，于返京后不问缘故，即刻下诏，夜遣使者，收回杨震的太尉印绶，免去了他的太尉职务。樊丰等人为进一步对杨震进行打击，乃请大将军耿宝奏杨震"不服罪"。安帝大怒，将杨震贬为庶人，遣归华阴原籍。

是年，杨震在返回华阴途中，决心以死报国，行至洛阳城西的夕阳亭处（今河南陕州境内），慷慨悲愤地对他的门生们说："死者士之常分，吾蒙恩居上司，疾奸臣狡猾而不能诛，恶嬖女倾乱而不能禁，以何面目复见日月！身死之日，以杂木为棺，布单被裁足盖形，勿归冢次，勿设祭祠。"言罢，饮鸩而死，时年70多岁。弘农（今河南灵宝）太守移良秉承樊丰旨意，竟使其

"露棺道侧",并株连杨震诸子。许多过路行人见到杨震棺木,无不洒泪祭奠。

年余,顺帝刘保即位,樊丰等贪官污吏皆被处死,朝廷为杨震昭雪。顺帝感念杨震清廉正直,忠心为国,下诏任命他的两个儿子为郎官,赠钱百万,以礼将杨震改葬于华阴潼亭。

杨震一生为人正直,不愿与得势的宦官同流合污,所以最后被他们排挤出朝堂,被遣归弘农。70多岁的杨震,最终选择用"饮鸩而卒"的方式,做了最后一次抗争,展现了古代士大夫的高风亮节。

三、弘农杨氏的鼎盛——"四世四公"

杨震去世一年以后,汉安帝病死,汉顺帝即位。朝堂上风云突变,开始对杨震清廉正直的一生大加赞赏,他的两个儿子皆入朝为官。

而杨震为官多年,门生故吏遍布天下,这也为"弘农杨氏"的兴旺打下了坚实基础。

杨震有5子,其中有名可查的有3位,分别为杨牧、杨秉、杨奉。其中,成就最大的是杨秉这一支。

杨秉历任州刺史、左中郎将、尚书等职,汉桓帝延熹五年(162)官至太尉;其子杨赐,官至太尉,后任司空;杨赐之子杨

第一章 人杰地灵 家世显耀

彪，官至太尉、太常。

东汉时期，以"太尉、司徒、司空"为"三公"，是至高无上的荣耀。东汉末年，袁绍所属的袁氏家族，就以"四世三公"而名扬海内。

但袁家与杨家相比，还是要差了一点。从杨震到杨彪，杨家4代人有4人位至"三公"，而且都是任"三公"之中最高的太尉，因此是名副其实的"四世四公"。

所以，《后汉书·杨震传》中说："自震至彪，四世太尉，德业相继，与袁氏俱为东京名族云。"

杨秉（92—165），字叔节，少继父业，博通书传，初以教书为业。年40余，应司空举荐，官拜侍御史。后相继任豫、荆、徐、兖四州刺史，迁任丞相。自任刺史后除计日受俸外，余禄不入私门，故吏以钱百万赠之，他分文不受，以廉洁著称。东汉桓帝即位后，杨秉被征为皇帝侍讲，后历任太中大夫、左中郎将、侍中、尚书等职。在任期间，他对皇帝微行至梁胤府舍后发生大风拔树之事忧心如焚，他上书桓帝道："瑞由德至，灾应事生，祸福无门，唯人所召。"但桓帝置之不理。

延熹三年（160）杨秉任太常时，白马令李云因谏受罪，杨秉据理力争，被免官归田，家至贫寒，并日进食，但对当时故旧任城孝廉景虑的资赠，仍坚持"闭门拒绝不受"。后尚书令周景和边韶向桓帝奏议,使杨秉官复太常。延熹五年(162)十一月,杨秉官至太尉。是时,宦官方炽,任人及子弟为官,布满天下,竞为贪淫,朝野嗟怨。杨秉与司空周景联合上书,指出朝廷内外官吏多不称职,要求彻底清理冒滥及诸位有劣迹的官员,获得桓帝批准。一举惩治赃官诸如匈奴中郎将燕瑗、青州刺史羊亮、辽东太守孙喧等50余人,杀掉一批,罢免一批,天下莫不肃然,国泰民安。

延熹七年(164),桓帝南巡园陵,特召杨秉随巡。时南阳太守张彪,以迎驾为名,筹措巨额钱财,大谋私利。杨秉闻知后,直接致书荆州刺史,责其查究。又闻知大宦官具瑗、中常侍侯览等广收贿赂,于翌年,向桓帝劾奏。致使桓帝削减了具瑗的封国,罢了侯览的官。

杨秉在任期间,坚持扶正祛邪,每遇朝廷得失,皆尽忠规谏,许多建议都被采纳。他为官继承其父杨震的品德,清廉俭朴,素不饮酒,早年丧妻,亦不复娶,他常对人说:"我有三不惑:酒、色、财也。"

延熹八年(165)五月,杨秉死,享年74岁。

杨赐(?—185),字伯献,杨震之孙,杨秉之子,少传家学,笃志博文,常退而隐居,"教授门徒,不答州郡礼命"。建宁元年(168)经司徒、司空、太尉三公举荐,遂于华光殿讲授,

第一章 人杰地灵 家世显耀

成为汉灵帝刘宏的老师。后任太傅之职。熹平二年（173）任司空，熹平五年（176）任司徒，光和五年（182）任太尉。

杨赐在任期间，曾多次亲上手书，以唐虞兢兢业业治国之先例，劝灵帝治理朝政，匡扶正气。对当时朝廷拜官授爵如同儿戏深表不安，指出朝廷用人，不择德才，"有形势者，旬日累迁，守真之徒，历载不转，劳逸无别，善恶同流"。建议灵帝对所属官员，在职三载者，考绩以观厥成，劳逸有分，善恶有别，任贤选能，严明朝政，深得灵帝宠信。

光和元年（178），虹霓昼现于嘉德殿前，灵帝对此十分厌恶。遂召杨赐与议郎蔡邕入宫，命宦官中常侍曹节、王甫问以祥异祸福之事。杨赐借机上书进谏，认为虹霓昼现殿前是因"方今内多嬖幸，外任小臣，上下并怨，喧哗盈路"，劝皇帝当今急务是图复兴之道，留心国家大政，罢斥奸邪阴险之臣，征用修身洁行、忧国忧民之士。

中平二年（185）九月，杨赐离世，灵帝倍感悲痛，身着素服，三日不临朝，以表哀悼，并在策书中盛赞他是士林学习的楷模。赠予东园梓器等物作为陪葬品，赐钱300万、布500匹，以念其功绩。下葬时，朝廷公卿以下官员都参加了葬礼，灵帝又使侍御史持节送丧，谥文烈侯。

杨彪（142—225），字文先，杨震之曾孙，杨赐之子，少传家学，初举孝廉，州举茂才（秀才）。熹平年间，杨彪以"博习旧闻"，知识渊博，通晓典章，被朝廷征为议郎，后迁任侍中，继任京兆尹。

光和年间，宦官黄门令王甫指示门生于郡界独占官府财物7000余万钱。杨彪闻后即揭发其罪恶，并告知司隶校尉杨球，杨球奏准后，立即处死王甫，天下莫不称快。杨彪名声大震，不久被擢为五官中郎将、太仆、卫尉。

中平六年（189），杨彪代董卓为司空，是年冬，又代黄琬为司徒。时董卓专权跋扈，祸国殃民。翌年，关东各路诸侯起兵讨伐，董卓恐惧，欲迁都长安，以避其锋芒，召众公卿商议，百官惧董卓淫威，无一敢言。杨彪挺身而出，言道："移都改制，天下大事，故盘庚五迁，殷民胥怨，今无故迁都，恐百姓惊动，必有糜沸之乱。"并告诫董卓："天下动之至易，安之甚难。"董卓大怒，将杨彪罢官。

自献帝入关后，杨彪不久复为京兆尹，后迁任光禄大夫、大鸿胪、司空等职。李傕、郭汜起兵祸乱关中，杨彪挺身而出，"尽节卫主，崎岖危难之间，几不免于害"。在此危急动乱之际，一直追随献帝，力除其乱。

建安元年（196）后，曹操在政治上已形成了"挟天子以令诸侯"的局面，专权跋扈，不臣之心昭然若揭。杨彪对此深感不

第一章 人杰地灵 家世显耀

安。曹操也视杨彪为异己,欲除之。适逢袁术僭乱,曹操借机陷害,"托彪与术婚姻,诬以欲图废置,奏收下狱,劾以大逆",欲以谋反之罪杀害杨彪。东汉大名士孔融闻知,来不及穿朝服,到曹操处为杨彪鸣不平,气愤地说:"杨公四世清德,海内所瞻。《周书》上说,父子兄弟之间,罪不相及,怎能因袁术称帝而株连杨公呢?"曹操诡辩说,杀杨彪是国家的意思。孔融愤然反驳说:"如横杀无辜,人心丧尽,天下必将解体。"曹操虑及孔融、杨彪之威望,终因理亏,未敢加害。

之后,杨彪对曹操的残忍,终不心服,故无心仕途,遂以脚疾行动不便,居家10年之久。黄初元年(220)曹丕废汉自立,欲拜杨彪为太尉,先派使臣送来圣旨。杨彪辞让:"杨彪身为汉室三公,遭逢乱世,在动荡中颠簸,不能对朝廷有所裨益。而今,年迈昏聩,加上身体有病,老臣岂敢再襄助新朝?"坚决辞让太尉之职。魏文帝拜杨彪为光禄大夫,赐予手杖、衣袍,在朝会时,专门引见,令杨彪穿着布禅衣、鹿皮冠,手持手杖进入宫殿,以宾客礼,礼敬杨彪。黄初六年(225),杨彪病卒于家中,时年84岁。

从杨震到杨彪,杨家四世在朝中担任太尉。其功德、学业世代传承,与袁氏同为豪门大族。孔子曰:"危而不持,颠而不扶,则将焉用彼相矣?"是啊,国家对于宰相寄予厚望,无德之人不可以虚任。宰相是国家的崇高职务，责任重大。在殇帝延平、安帝延光年间，杨震在朝中担任三公（永宁二年，代刘恺为司徒；延光二年，代刘恺为太尉）。杨震性情耿直，为人方正，面对奸邪，首先想到的是国家利益，可谓有报国之心，懂得三公职务之重要。杨氏家族几代人担任宰相，均怀有忠心报国之志，正可谓："积善之家，必有余庆。"

第二章

天降非凡　锋芒初露

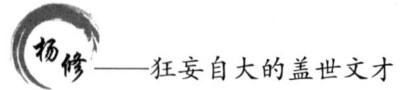
杨修——狂妄自大的盖世文才

第一节 神童降世

在东汉末年,那个动荡的时代,天下陷入了纷争的漩涡之中。各路英雄豪杰纷纷崛起,如同狂风暴雨一般,猛烈地席卷着这片古老而神圣的土地。皇权逐渐旁落,宦官与外戚交替掌握大权,使得整个国家陷入了混乱无序的状态。百姓们生活在水深火热之中,饱受战乱之苦,民不聊生。与此同时,四方的诸侯也开始蠢蠢欲动,他们各自怀揣着野心,逐鹿中原,试图在这场混乱中分一杯羹。

在这个动荡不安、充满变数的时代,历史的车轮缓缓转动,仿佛在预示着一位非凡人物的诞生。他就是后来以才思敏捷、机智过人而著称于世的杨修。杨修不仅才华横溢,而且在政治和军事方面都有着非凡的见解和才能。他的出现,无疑为这个混乱的时代带来了一线希望和一丝光明。

杨修诞生于弘农杨氏,一个历经数百年风雨,依旧屹立不倒的世家大族。弘农杨氏自汉高祖刘邦时期便已有显赫之迹,其后世子孙更是才俊辈出,为官者不计其数,文韬武略,皆有建树。杨府位于洛阳城外,依山傍水,府邸宏伟壮观,雕梁画栋,尽显家族之荣耀与底蕴。府中藏书万卷,琴棋书画,无所不有,是当

第二章 天降非凡 锋芒初露

世少有的文化圣地。

据说,杨修降生之夜,天际出现异象,乌云中忽现一道璀璨星光,直照杨府上空,如同天神降临,照耀四方。城中百姓皆抬头仰望,议论纷纷,认为这是吉兆,预示着将有非凡人物诞生。而杨府内,更是灯火通明,人声鼎沸,家人们围聚一堂,心中满是期待与激动。

产房内,烛光摇曳,气氛紧张而温馨。杨修之母,端庄秀丽,虽面色苍白,却难掩母性光辉。她紧握双拳,额上细汗密布,却咬牙坚持,只为迎接新生命的到来。接生婆在一旁忙碌,口中念念有词,祈祷母子平安。

产房外,杨修之父杨彪焦急地踱步,不时望向紧闭的房门,心中五味杂陈。他是当朝重臣,平日里雷厉风行,此刻却也显露出为人父的柔情与脆弱。家族长辈们或站或坐,皆是神情凝重,默默为产房内的母子祈福。

随着一声清脆的啼哭,产房内终于传来好消息。杨彪闻讯,几乎是冲入产房,一眼便见到了襁褓中的杨修。那婴儿肌肤如玉,双目微睁,仿佛能洞察世间万物,与父亲的目光交汇时,竟露出一丝不易察觉的微笑,仿佛两人之间有着某种不解之缘。杨彪心中涌起一股暖流,紧紧抱住儿子,泪水在眼眶中打转,这是他生命中最为珍贵的时刻。

次日，家族长辈齐聚一堂，为杨修举行盛大的命名仪式。杨彪手捧襁褓中的杨修，面向列祖列宗，庄重宣告："吾子降生，伴星辰异象，必非凡品。愿他日后能承继家学，辅佐明君，安邦定国，光耀门楣。"长辈们纷纷点头赞同，更有人言道："此子天赋异禀，必成大器，当以'修'为名，寓意修身齐家治国平天下。"杨修之名，由此而来，寄托了家族对他无尽的期待与厚望。

第二节 机敏少年

杨修的成长，离不开家族的精心培育与呵护。杨彪深知儿子天赋异禀，更是倾尽全力，为他聘请名师，传授学问。同时，他也注重培养杨修的道德修养与处世之道，教导他要以诚待人，以智取胜，不可恃才傲物。家族中的长辈们，也时常对杨修进行指点与提携。

自幼年起，杨修便展现出过人的天赋与才智。他聪颖好学，对书籍有着浓厚的兴趣。3岁时，便能背诵《诗经》《尚书》，常能举一反三。府中藏书，他几乎遍览无遗，尤其对兵法、文学、书法等领域有着独到的见解。每当家族聚会，他总能语出惊人，令长辈们刮目相看。更令人称奇的是，他小小年纪，便能洞察人心，分析时局，展现出远超常人的智慧与远见。

第二章　天降非凡　锋芒初露

每当夜幕降临，杨府的书房内便灯火通明，小杨修坐在父亲膝头，听父亲讲述古今的英雄事迹，眼中闪烁着对未知世界的好奇与渴望。

"父亲，20年之后，等我长大的时候，谁会辅佐天子以令诸侯呢？"一日，小杨修突然发问，言语间透露出超乎年龄的成熟。

杨彪闻言，微微一愣，随即笑道："修儿，你可知这背后有多少权谋与智慧？天道衰微，诸侯环伺，扶危济道者自非池中之物，他要善于洞察人心，更懂得如何利用局势。但记住，真正的智者，不仅要有谋略，还要有仁心。"

小杨修似懂非懂地点点头，但那份对知识的渴望却越发强烈。他开始自学兵法、天文、地理，甚至对奇门遁甲之术也颇有研究。每当遇到难题，他总爱跑到府中的藏书阁，一待便是一整日，直到夜幕降临，才依依不舍地离开。

关于杨修的童年时光，还流传着一些趣事，从一个侧面反映了他的机敏。

一日，杨彪举办了一场盛大的宴会，邀请了当地的名士与士族子弟。宴会上，一位远道而来的隐士带来了一件奇特的礼物——一个密封的铜匣子，里面设置了复杂的机关，声称谁能解开此匣，便能得到匣中的宝物。

众人纷纷上前尝试，却都无功而返。小杨修见状，好奇地走到匣子前，仔细观察了一番，然后微微一笑，从袖中取出一根细针，轻轻插入匣子上的一个不起眼的小孔中。只听"咔嚓"一声，铜匣子应声而开，里面竟是一本珍贵的古籍。

"好一个机巧少年！"隐士赞叹道，将古籍赠予了杨修，并预言他将来必成大器。

在杨修5岁那年，家中的后花园里摆放了一个精致的连环锁玩具，这是父亲杨彪从远方带回的奇物，据说能难倒许多聪明的小孩。小杨修看到后，立刻被这个复杂的锁具吸引，他蹲在锁前，小手轻轻拨弄着每一个环扣，眼中闪烁着好奇与挑战的光芒。

经过一个下午的琢磨，小杨修突然眼前一亮，他发现了打开锁具的机关窍门，在手中扭转三五下儿，整个锁竟然"咔嚓"一声打开了。家人见状，无不惊叹。

杨修自幼喜爱画画，但他不仅仅满足于模仿，更善于在画中融入自己的思考和情感。有一次，他在一张白纸上画了一片翠绿的竹林，竹林深处隐约可见一座小屋。父亲杨彪看到这幅画后，笑着问他："此画有何深意？"

小杨修眨了眨眼睛，回答道："此画名为'竹隐'，意在表达'大隐隐于市，小隐隐于野'的意境。竹林深处的小屋，便是我

第二章　天降非凡　锋芒初露

心中理想的避世之所。"杨彪听后，大为赞赏，认为儿子不仅画技高超，更有着不凡的文学素养和见解。

这些趣事展现了杨修童年时期的聪明、机智，也预示了他未来在文学和政治领域的卓越成就。

这些趣事也成了坊间趣谈，很快传遍了弘农，杨修的名字也因此更加响亮。他不仅以智慧赢得了人们的尊敬，更在童年的时光里，种下了对未知世界无限探索的种子。

在家族的呵护下，杨修逐渐成长为一位学识渊博、才华横溢的青年才俊。他的才华与智慧，如同夜空中最亮的星，照亮了家族的前行之路，也预示着他将在未来的历史舞台上，书写属于自己的辉煌篇章。而这一切的起点，便是那个充满传奇色彩的夜晚，星辰异象，杨修降生，开启了一段波澜壮阔的人生旅程。

第三章

书院耕读 以文会友

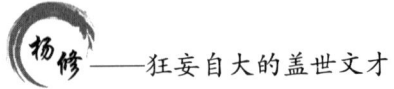
杨修——狂妄自大的盖世文才

第一节　求学之路

汉代,尤其是东汉时期,私学得到了显著的发展,成为当时教育体系中的重要组成部分。

汉代私学的兴起可以追溯到春秋时期,以孔子创办的私学为开端,战国时期百家争鸣,私学进一步发展。秦始皇焚书坑儒,虽然一度禁止私学,但并未能将私学完全消灭。汉初,统治者吸取秦朝短命的教训,采取宽松的文化政策,为私学的发展提供了良好的环境。

汉武帝确立"独尊儒术"的文教政策后,虽然官学得到了大力发展,但名额有限,无法满足广大读书人的需求。因此,私学成了教育的重要补充,得到了统治者的默许甚至鼓励。

汉代私学主要分为两类:童学(初级教育)与专经研习(高级教育)。

童学是汉代私学中的基础教育阶段,主要任务是识字、习字和接受初步的道德教育。教师称为"塾师",教学地点多在私塾或家中。童学教材丰富多样,如《急就篇》等,这些教材不仅注重识字教学,还融入了广泛的知识内容,如天文、自然、历史、地理等。

第三章　书院耕读　以文会友

随着学生年龄的增长和学识的积累，他们会进入专经研习阶段。这一阶段的私学教育以研读儒家经典为主，如《易》《书》《诗》《礼》《春秋》等。这类私学多设在经师家中或专门的精舍、精庐中，由经师亲自授课或采用"次相授受"的方式进行教学。

汉代私学没有固定的办学形式、地点限制，经师可以在自己的家中、精舍或任何地方进行教学。同时，私学还采用了多种教学方式，如个别讲授、集体讨论、自学指导等，以满足不同学生的需求。

汉代私学的教学内容不仅限于儒家经典，还包括了诸子百家、历史、文学、艺术等多个领域。经师们不仅传授知识，还注重培养学生的思维能力和道德品质。

在汉代私学中，经师与学生之间建立了深厚的师生情谊。经师们不仅关心学生的学习情况，还关注他们的生活和成长。这种亲密的师生关系为私学教育的发展提供了有力的支持。

汉代对私学的办学人员没有严格的身份限制，无论是在职官员、致仕官员，还是平民百姓，只要精通经学并愿意从事教学工作都可以兴办私学。这种开放的办学政策为私学教育的发展注入了新的活力。

在汉代官学制度未完善之前，私学承担了几乎全部的教育任务，为古代文化知识的保存和传播做出了巨大贡献。汉代私学培养了大量精通儒家经典和诸子百家的学者和官僚，为汉代的政治、经济、文化发展提供了有力的人才支持。

据《华阴县志》记载，华阴地区的教育起于私学，最早可追溯到东汉末年杨宝、杨震等在牛心峪讲学。从学者往来若市，因其谷多槐，雅称"槐市"。杨震后又受聘于潼亭讲学，先后数十年，四方学者，皆师事之。汉永建七年（132）建育贤宫于杨震讲学处，纪念杨震隐居"槐市"、教授20余年之精神。明万历四十年（1612），王九畴重修育贤宫。清乾隆十年（1745），陕西巡抚崔纪改育贤宫为四知书院（下文皆称育贤宫为四知书院）。

据史可知，四知书院成立时间很早，始建于东汉时期。一开始是私学，后来杨氏及其他乡里有些名望的子弟入学较多，又有一些聪慧之士前来求学，故而变成公学。

小杨修在父亲杨彪的家塾教育中，对儒家经典有了基本的了解，品德、礼仪等方面也得到了良好的培养。但是，对于培养在乱世立足、立身辅国所需之大才还远远不够，深谋远虑的杨彪非常明白该是放手让孩子出去闯荡学习的时候了。而他心中也早就有了修身学习的理想之地。

四知书院，在这乱世之中，就是一处世外桃源般的理想之地。它坐落在青山绿水之间，远离尘嚣，专注于培养大汉未来的栋梁之材。杨修，这位以才情出众、机智过人而闻名乡里的少

第三章 书院耕读 以文会友

年,在束发之年,循着先祖的足迹,踏入了这座古老的书院,开始了他求学交友的人生旅程。

第二节 四知书院

春日清晨,阳光透过稀疏的云层,洒在四知书院古朴的大门上。杨修身着一袭青衫,手持书卷,站在书院门前,眼中闪烁着对未知世界的好奇与渴望。

四知书院,乃是"关西孔子""四知先生"杨震曾经讲学之所,抬眼望去,书堂中写着"两泉交流,双桥结彩,晚霞永朝,文辉万载",这是学馆所处环境及教学宗旨的真实写照。杨震遭佞人陷害罢官饮鸩而亡,昭雪平反改葬潼亭后,为了纪念杨震的治学精神和高尚品质,汉顺帝颁诏命将"杨震讲学处"修复改名为"育贤宫"。育贤宫占地数亩,建筑宏伟,庄严肃穆,风格古朴。堂后筑有望河亭,亭侧有牌坊,坊额有顺帝亲笔题词"清德洁白"四字。

沉思片刻,杨修挺起胸膛上前叩响书院大门。

"请问,这里是四知书院报名处吗?"杨修向一位路过的学子问道。

那学子转身,上下打量了杨修一番,笑道:"正是,看来你也是慕名而来的才子。我叫陈群，也是今年的新生。"

杨修心中一动，他是太丘长陈寔之孙、大鸿胪陈纪之子，以智谋著称的陈群。他连忙拱手道："久仰久仰，在下杨修，家父乃杨彪。"

陈群闻言，眼中闪过一丝惊讶，随即笑道："原来是杨太尉之子，失敬失敬。走吧，我带你去办理入学手续。"

入学手续颇为烦琐，但杨修凭借其过人的才智，很快就完成了各项考核。最后一项是试炼，书院设下重重难关，考验学子们的学识与应变能力。

试炼场中，杨修面对一道道难题，从容不迫，时而沉思，时而奋笔疾书。当他解开最后一道谜题时，全场哗然，连监考的老先生也露出了赞许之色。

试炼结束后，杨修凭借优异的表现，赢得了众人的敬佩。在书院为新生举办的欢迎宴上，他结识了众多英才。

"杨兄才情过人，实在令人佩服。"身着锦衣的公子陈群举杯向杨修敬酒。

杨修微微一笑，回敬道："陈兄谬赞了，在下不过侥幸而已。"

酒过三巡，众人渐渐不再拘束，开始畅谈天下大事。杨修坐在角落，静静聆听，偶尔插话，却总能一语中的，引人深思。

这时，一位面容清癯的书生走了过来，他便是后来的"建安

第三章 书院耕读 以文会友

七子"之一王粲："杨兄对时局有何看法？"

杨修沉吟片刻，道："当今乱世，英雄辈出。然则天下大势，合久必分，分久必合。吾辈当以学问为基，以待时变。"

王粲闻言，眼中闪过一丝异样的光芒，他深知杨修之言非比寻常，遂与杨修深谈起来。

二人随即走到屋外，对坐于竹亭，四周绿意盎然，风拂竹影，微动的竹叶似乎在聆听他们的谈话。

杨修眉间略显隐忧地说道："王公子，近岁时局动荡，朝廷如危悬之鼓。斯之变迁如何影响吾辈文人之创作？"

王粲遂有同感，沉思后答道："杨公子所言极是。时局之乱，诚令我辈心绪难宁。然而文学者，乃时代之镜也。在混沌之中，文学可为后人留存风华，激励士人之志。于此动乱之际，尤需修身养性，求真务实，以写出流传后世之作。"

杨修的思绪像微风中的柳枝，随风浮动，眼睛凝视着远处隐约可见的清冷的山峦："王公子之见，颇为中肯。文学之力，尤在于其能够超越时局之表象，洞察人性之深处。动荡虽急迫，然我们应从中提炼精髓，探人之所思，及未来之所盼。"

王粲点头思忖，目光坚定："杨公子所言极是。文学非仅书写今朝之事，更有启迪后代之意。于此困顿时世中，吾辈当以更深之洞察和责任，执笔刻画时代之真貌。愿所作之文，能于未来世代流传共鸣。"

杨修面露欣然之色:"王公子之忧虑,实乃对文学之深情。真文学者,必在文字间留存思想,引发读者之思索。虽困厄未免,然吾辈应持初心,奋笔疾书,以求文章之永恒。文学者,超越时局之桎梏,得以与世间之心灵共鸣。"

王粲轻叹一声,一时眉间愁苦:"杨公子之言,诚为真谛。虽时局难以掌控,然我辈可择所行之道。忧虑虽在,然亦为热爱之表。以吾之笔,勉力创作,期使所书者,能于万古中见证吾辈之心志。"

两人相视一笑,竹亭间风声更显悠然。虽然时局风云变幻,但在对文学的探求中,他们找到了共同的信念与希望。

斗转星移,转眼间一年的书院生活匆匆而过。

书院的先生们,依旧严谨治学,诲人不倦。他们用智慧的光芒照亮学子们的心灵,用丰富的学识引领学子们走向更高的境界。每一次授课,每一次讨论,都让学子们受益匪浅。

四知书院不仅重视学问,同时也践行着"清德洁白"的教旨,更注重培养学子的德行与操守。

一日,书院中发生了一起盗窃案,一位学子的珍贵书籍不翼而飞。此事迅速在书院内引起了轩然大波,众人议论纷纷,却无人能找出窃贼。

第三章　书院耕读　以文会友

杨修得知此事后，主动请缨调查。他先是仔细询问了失主和目击者当时的情况，然后又逐一排查了书院内的每一个角落。然而数日过去，案件却毫无进展。

正当众人即将放弃之时，杨修却在一次偶然的机会下，发现了案件的线索。原来，窃贼竟是书院内一名看似老实的杂役。

在杨修的巧妙布局下，窃贼终于露出了马脚，被当场抓获。此事不仅让杨修在书院内名声大噪，更让他展露了过人的才能，深受学院上下师生的赞誉。

文人自古喜欢言政议政，往大了说是心系天下，往小了说是消磨时光逞一时口舌之快。书院的学子们也未能免"俗"，在研经诵典的乏味学习之余，他们更喜欢讨论朝政时局，品评那些风云人物，揣测谁是主宰未来天下走向的英雄与权臣。

他们关心政治也和即将走出书院面临人生的"择业"息息相关，毕竟古代文人的出路可谓自古华山一条道，只能是学而优则仕。

第三节　入仕之辩

如何入仕？这是四知书院学子们关心的问题，也是当时天下士子们关心的问题。

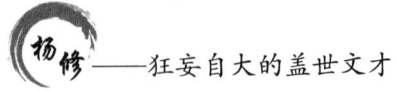

这还要从东汉建国时说起。

刘秀在东汉开国时,做了一系列的制度设计,包括废除丞相和都试、劝退功臣、打压豪强和扶植士人,想以此确保无人能够挑战皇权、分裂国家。

但刘秀没想到的是,他所扶植的士人在势力不断膨胀后,变成了能与皇帝争夺权力的实力集团,打破了他的构想,让东汉分裂成了历史的必然。

士人为何会发生这种变化呢?这和东汉提拔官员的制度有很大关系。先秦政治属于贵族政治,当官的人都是世袭的贵族。秦始皇统一六国后,使劲打击贵族阶层,谁也别想搞特权,都给我平等地做仆臣。到西汉时,中央政府继续打击贵族残余势力,不让他们死灰复燃。

那问题就来了,贵族都被灭了,谁来帮皇帝治理国家呢?

答案大家都知道,罢黜百家,独尊儒术,西汉政府选择了学习儒家经典的士人。

但这么多士人,大家又都想当官,让谁当不让谁当呢?

为此,西汉创立了三种选官制度,并被东汉全部沿袭。这三种选官制度分别是:察举制、征辟制和任子制。

简单地解释下这三种选官制度。

"察举制":"察"是考察人才,"举"是将优秀人才推荐给朝

第三章　书院耕读　以文会友

廷；人才到中央后，先在皇帝身边当一段时间侍从，称为"郎"；表现好的郎官，就可以到中央官署或者地方政府正式当官了。

哪些类型的人才会受到推荐呢？

常见的有三种："孝子""廉吏"和"秀才"。

"孝子"是孝顺的儿子，"廉吏"是廉洁的官吏，这两种后来并称为"孝廉"。"秀才"是优秀的人才，后来为了避讳刘秀的名字，改称"茂才"。

所以"察举制"简单来说，是一种自下而上的选官制度。

但光靠"察举制"士人想当官太难了，因为察举的名额实在是太少了，"孝廉"20万人中才选一个，"茂才"更少，一个州选一个。

所以，汉朝又搞了一个"征辟制"。"征辟制"是指征召人才到政府里做官，其中皇帝直接征聘叫"征"，中央官署和地方政府征聘叫"辟"。"征辟制"是一种自上而下的选官制度，比如刘备三请诸葛亮，其实就是"征辟制"的具体运用。

"任子制"就更容易理解了——官员可以推荐自己家的孩子当官。但不是每个官员都有资格享受这个待遇，必须是干满3年并且年薪2000石以上的官员才行。

制度设计好了，开始选拔人才了。那选拔人才的标准是什么呢？

对不起，没有固定标准（"任子制"有标准，毕竟亲爹不能造假）。

而且汉代没有考试，想靠察举制和征辟制当官，靠的是"声望"。

什么是"声望"？口口流传的对一个人的认可。

用现在的话来说，就是"说你行你就行，不行也行"。

在这种情况下，社会上开始兴起了品评人物的风气。出现了很多有名望的士人，就是所谓的"名士"。

名士以前就有，但大多是道德、学问都很好的士人。但东汉时就不同了，虽然也有不少真名士，但更多的人是靠炒作获得声望。

所以一时间名士满地跑，却有相当一部分是滥竽充数的。但不管是真名士还是假名士，在当时的社会都有很大的号召力和煽动力。

出现"名士"的同时，还出现了"世家大族"。

"世家大族"从字面意思上看，就是好几辈人都读书、做官的家族。

因为察举和征辟要靠声望，官僚阶层的子弟就占尽了便宜，他们既有家族帮忙打造名声，又有蜘蛛网一样的利益网络。

"任子制"就更不用说了，当官的全是"官二代"。

第三章　书院耕读　以文会友

在这三种选官制度下，社会上就产生了子弟"累世为官"的世家大族，甚至出现了做官专业户"超级世家大族"，就是所谓的"四世三公"（家族有四代人担任过三公的职位）。

东汉时只有两个家族完成了这个壮举，一个是汝南袁氏，代表人物袁绍；一个是弘农杨氏，代表人物杨彪。

这种世家大族，在政治上的影响力很大。他们家族的子弟连续几代人当官，在官场上积累了广泛的人脉；他们又有举荐、选拔人才的权力，所以会有很多士人依附他们，最后必然是门生故吏遍天下，形成了同气连枝的利益共同体。

除了政治上，世家大族在文化上也有很大的影响力，其主要体现在学术能力上。

文化上的影响力可不是那么好获得的，名声能造假，学术水平可不容易造假。而且自古文人相轻，想让别人服你，不是用嘴说说就行了，你得拿出真本事。但世家大族就真能做到。还以袁绍家族为例，汝南袁氏世代研究"易"，形成了独特的理论体系，袁绍的祖上袁京，就这个专题写过30多万字的专著，放到现在也是"大牛"。袁家历代都有人开班讲学，传授自己家族对"易"的理解，收了好多学生。

所以历史学家钱穆先生才说："许多世家大族能够绵延百年，靠的是背后的学术支撑。"

四知书院就是这样一个培养学术名士的东汉教育重镇,其中不乏名门之后、大家之子,而杨修和陈群更是官宦大族子弟中的佼佼者。

杨修自不必提,陈群出身东汉望族"颍川陈氏"。其祖父陈寔、父亲陈纪、叔父陈谌,于当世皆负盛名。当陈群尚是幼儿时,陈寔常认为此子奇异,向父老说:"这孩子必定兴旺吾宗。"

面对即将转入出学入仕之路,二人虽不为当官的前途担忧,却对当世的选官制度忧心忡忡。青年人的那种挥斥方遒、指点江山、匡扶社稷的冲动与热情,正在他们两人的心中不断涌动,血液也犹如波涛般翻滚,一番不吐不快的言辞涌荡在唇舌之间。

一日,杨修约陈群在书院庭中对坐,竹影摇曳,细风拂过,带来阵阵秋天的凉意。两人在寒暄了几句家世和学业上的句读之词后,不约而同地转到积聚在心中许久的话题——当朝的选官制度及其积弊。

杨修眉头微蹙地说:"长文兄,吾闻汉以来,选官制度屡经更迭,然根本未变。自光武帝创立以来,虽有察举、荐举等法,然其效果并不理想。今有论者云,选官之道不宜仅以门第为标准,贵在才德。你对此有何见解?"

还没等陈群接话,杨修接着滔滔不绝地自语起来:"察举制、征辟制与任子制,虽为我大汉选官之良法,然亦存弊端。"

第三章　书院耕读　以文会友

杨修不慌不忙补充，伸出三根指头："我认为有三不妥和三不公。"

陈群只得凝神谛听，杨修继续畅言道："察举之官常因私欲选人，未有交情则难得机遇，此为不妥之一也！征辟者多举麾下之人，无任职经历难获提名，是为二不妥！任子制，父传子，兄传弟，举贤不避亲，是为三不妥！"陈群虽是这种选官制度的既得利益者，却不是坐享其成的蠢人，对杨修所述深以为然。杨修咽了咽口水，继续朗声道："其次，世家垄断教育，寒门无入学途径，是为一不公；士人借虚名，未经考核入仕途，是为二不公；专才不得专用，外行行内行之职，是为三不公。"

杨修痛心疾首地总结道："此三不妥及三不公，致使群英失散，良才远离，诚为可惜可叹。"

汉代皇帝自高祖后，对世家和豪强的防备一直延续。因此，杨修的话不会引起陈群的反感。"朝廷失才之众，犹断臂之痛也！"陈群亦有感而发，"然当今天子为宦官权臣所困，如之奈何？"

"当今陛下都跑西园卖官，有人帮他才怪。"杨修心里暗自骂道，却未言明。

陈群思索良久，默默不语，杨修有些急不可耐，等了好半天，陈群方才开口："德祖兄所言甚是。然选官之道，固然须重才德，但东汉之法，亦不乏有其历史渊源。荐举之法虽以门第为主，但亦能显见家族背景之作用，考察德行者多在其中。今若提倡才德，虽有其理，然若无可行之制度辅佐，恐难以实施。"

杨修点头赞同："诚然，现有之荐举制度，虽能保证一定之公正，然又使有门第背景之人占尽先机。欲求根本之改革，需将选官之标准明晰化，以才德为根本，同时辅以具体之考核措施。若无新法之辅佐，恐难以有效落实。"

陈群语气沉重地说："德祖之言，虽富深意，但改革之道非易事。尝观今之制度，尚存诸多不足。若要变革，不仅需慎重考量，更需兼顾现实之复杂与实施之难度。若以才德为选官之根本，如何防止人心浮躁？实在需多方考量，求得平衡。"

杨修微笑且目光坚定地说："长文兄之忧虑，吾深以为然。然改革之道在于循序渐进，首当以明确之制度为根基。吾以为，设立专门选拔人才的官署，定期对官员进行全面考核，将人才之选拔纳入更为合理之轨道。若加以考核内容之细化，设置具体之标准，或能实现选官之公正。"

陈群频频点头称是，接着补充道："德祖提议之法，确有道理。然仍需考量选拔机制之实际操作。设选拔官署后如何确保其评审之公正与客观，仍为关键。若评审之人员亦受制于现有之官僚体系，恐难免有所偏颇。"

第三章　书院耕读　以文会友

杨修沉吟片刻道："长文兄所虑亦有道理。为确保评审之公正，或可引入外部制衡之人，以联名审查形式，防止评审者主观臆断。更可广泛听取民众的声音，收集百姓对参选者的口碑作为参考意见，求得制度之合理与公平。如此，或可平衡各方之利弊。"

陈群缓缓点头道："德祖所言，确为审慎之策。然改革之过程，需要时间逐步推进。吾以为，选官之制度改良，宜从小处着手，逐步完善。初期可小范围试行，积累经验，渐次扩展至全局。如此，既能达到实际效果，亦能控制风险。"

杨修微笑应和，眼中带有几分欣赏："长文兄所提之思路，谨慎而周全，堪为良策。吾亦以为，改革之道应从实践中摸索前行，务必兼顾各方之声音，循序渐进。唯有如此，方能真正实现选官之公正与效能。"

陈群拍手称赞道："今日德祖之见，真是远见卓识，使我茅塞顿开，不愧为吾辈之佼佼者。"

杨修点头称许，揖手行礼道："长文兄一番肺腑之言深得我心。唯有集众人之智慧，方能求得最佳之改革方案。吾辈当以此为方向，力行之。愿我们以实际行动推动制度之进步，使我朝选官制度更趋完善，为未来改革奠定坚实基础。"

陈群面露微笑，眼中闪烁着智慧的光芒，拱手回礼道："德祖之言，使人振奋。愿吾辈共勉，以智识之光照亮改革之路，顺应时代之变迁。如此，我大汉之选官制度，或能在今后岁月中，焕发新的生机，真正实现选拔之公正。"

两人相视一笑，风吹竹叶，轻轻拂动。在书院午后的光影中，他们充满了对未来选官制度的深刻思考与期许。

第四章

锋芒毕露　智勇双全

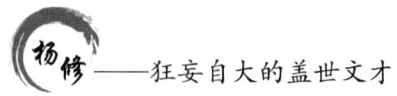
杨修——狂妄自大的盖世文才

第一节　不拘一格

召集了大臣，曹操在桌案的白绢上挥毫书写着什么。郭嘉跟随曹操的笔墨轻轻念着："今天下若有无德有才之人放在民间，或果勇不顾，临敌力战；或文俗之吏，高才异质；或不仁不孝而有治国用兵之术。着令各郡守举荐，勿有所遗……"

在场的其他人都感到十分惊讶，只是这惊讶的反应各不相同。荀彧老成持重不动声色，荀攸敬佩地赞叹点头，杨彪暗自担忧地皱起眉头，司马防则明显想到了更深一层含义，有些震惊。

曹操一口气写完，满意地看了看。他转身问这些重臣："如何？"郭嘉赞叹："司空这次选拔人才的制度尝试，天下贤士看到，必然知司空选才之诚，只怕连荆州、河北、东吴的名士贤才也会纷纷投奔司空！"

杨彪忍不住反驳："司空，大汉400年选拔人才的法则，都是唯有德者居之，司空这次制度尝试……公然提出招揽不仁不孝之人，这可能会鼓励急功近利的小人啊……"

曹操豪迈地一挥手："什么是德？临阵能制胜，不使将士枉死是德！治国能安民，不使百姓受冻馁之苦是德！至于坐而论道，只会摆架子装清高却无实惠于家国百姓的伪君子，朝廷没

第四章　锋芒毕露　智勇双全

有那么多俸禄养之！孤要的是能治国用兵、平定乱世的有用之才！"

荀彧有些担心地说道:"司空,听闻袁绍已经拥兵准备南下,大战在即,谣言四起,这样大规模的选拔,是不是缓一缓?"

曹操看了荀彧一眼,冷笑道:"孤就是要让天下人知道,袁绍算不得什么!咱们日子照样过,人才照样选!孤不但要选才,还要考核,等这些人都来了之后,在许都举办一场月旦评,试玉烧金,有没有本事,都上台去验验!"

荀彧一惊:"司空要重开月旦评?"曹操反问:"许多应召者齐聚许都,没有风评如何检验人才?"荀攸开口道:"当年许劭兄弟开月旦评,品评天下人才,确是佳话。可今日不知何人能有当年许劭兄弟的威望,主持这月旦评啊?"

曹操看了一眼低着头闷闷不乐、明显在置气的杨彪:"孤听闻,这许都第一名士,乃是杨太尉的公子杨修?"

杨彪大惊:"这,犬子年轻,实难服众啊……"

郭嘉立刻心领神会,狡黠地眼波一闪:"杨公子年纪虽轻,但在士林中名望极高,许多人都上门求他一句评语。若是让杨公子主持,身份名望都足以服众。"

杨彪惊疑不定:"司空……"

曹操的嘴角浮起一丝带着冷意的微笑:"甚好,选拔人才的制度尝试和月旦评的告示就交给司马公去办，月旦评由杨公子主持，司马公和荀令君同去坐镇！"杨彪还想说话，司马防悄悄用袖子碰了一下他的手臂，杨彪只好带着几分不服、几分惊惧，蹙眉缄口了。这小动作却被曹操看到了，他笑道："司马公，听闻府上二公子尚未出仕，月旦评之日，也上台去一展风采如何？"

司马防讪笑着回答："小儿愚鲁，不善言辞，恐贻笑大方……"

曹操大笑："河北名士崔琰评价令郎'聪亮明允'，岂会是不善言辞之人？还是司马公家藏重宝，不愿示人啊？"

司马防一凛，慌忙垂首："司空过奖了，让他开开眼界也好……"

第二节　月旦评记

月旦评是东汉末年汝南郡每月初一进行的品鉴人物、论时议政的一项活动，由汝南名士许劭和许靖主持。而对于为何选在每月的初一，大致是为了记时方便，当然也有每个月的第一天也是一个新的开始的寓意。

这项活动在汝南一带形成风气，参与的人相当多，影响也非常大，甚至到了后来月旦评逐渐成为名士们品评人物的代名词。

第四章 锋芒毕露 智勇双全

其影响力甚至让"四世三公"出身的袁绍都感到忌惮和折服,当时袁绍回到汝南为了给许劭留下一个好印象,一贯讲究排场的他将奢靡之物全部收起,轻车简从。而后来的北方霸主曹操当初为了求取许劭的一个品评,千方百计,甚至不惜胁迫。

而除了上述两位,还对当时许多人都进行过一番品鉴。如他们评价陈寔为"太丘道广,广则难周",谈论陈蕃为"仲举性峻,峻则少通"。要知道当时陈寔是一位泰斗,陈蕃也是大名鼎鼎。而许劭对这两人的评价各为8个字,有褒有贬,恰如其分。

由此可见,当时的人们对于汝南月旦评的认可。

而月旦评为何会出现?有学者分析,大致有四方面的原因:

一是地理位置。月旦评植根于汝南,而汝南在当时是一个在经济、文化、政治等方面都比较发达的地区。我们都知道,在后来诸侯混战时期,各大势力中有着众多来自汝南和颍川一带的人才。因此,曹操有过"汝颍多奇士"这样的赞叹之语。

从文化角度来说,汝颍地区更是有过众多的经学大师。譬如戴凭、钟兴、许慎、周举、蔡玄、丁鸿,等等。而且,桓灵二帝时期著名的政治事件——"党锢之祸"中涉及的众多核心人物都来自这片地区,如陈蕃、李膺、杜密等。

除此之外,汝颍地区还有着众多的世家大族,后来死在宦官手中的何进就是南阳人,有着"四世三公"名头的袁家,还有许劭所在的许家都是汝南拥有巨大影响力的豪门大族。

汝南是一个如此人杰地灵的地方，还有着如此深厚的文化底蕴，可以产生月旦评这样的活动就不足为奇。

二是社会风气。东汉时期最大的政治特点就是外戚与宦官轮流把持朝政，到了桓灵时期，政治更是腐败。面对这种日益严重的政治危局，众多士人学子不再专心于学业，开始将精力转向了时政，对社会政治进行讨论。

汉代原有学术辩论的风气，主要侧重于经学。到了东汉后期，辩论转变为谈论，而话题就是时政与人物品鉴，往往会有一群人不知昼夜地谈论时政。众人将这种行为称为谈论、评论、坐谈、虚谈、高谈、清谈，等等。尤其是"党锢之祸"后，大量名士赋闲在家，因此这种现象更是明显。

而拥有着深厚文化底蕴的汝南自然而然就是进行谈论活动的一个重镇。因此，这里的社会风气是产生月旦评的一个重要原因。它与东汉末年士林谈论之风气一脉相承，紧密相连。

三是选官制度。两汉王朝主要是以察举、征辟作为主要的选官制度，注重对人才德行的考察。而要想让他人得知自己的德行，必然需要依靠社会的舆论，因此先期获得社会重要人物的肯定和赞誉，对于众多的求仕之人是非常必要的。

东汉后期，豪强地主们相互吹捧，自我标榜，这种风气盛行

第四章 锋芒毕露 智勇双全

一时,但是真正起决定作用的还是那些拥有权威的豪门大族,尤其是那些成名已久的名士。那些人不仅在舆论界有重大影响,还能一定程度左右朝廷用人。

而月旦评的主持人许劭、许靖就是拥有权威的社会舆论制造大师。曹操之所以会去找许劭求品鉴,是因为当时太尉乔玄的建议,乔玄虽然也给予了曹操高度评价,但是他认为自己声望不够,就把曹操推荐给了许劭。

而不久后,曹操就被举孝廉,步入官场。

因此,月旦评的兴起为士人学子们开辟了一条入仕的有效途径。

四是个人品格。东汉末年,宦官当道,内外大权皆操于宦官之手,凡谋求做官及升迁者,非投靠宦官不可。但是许劭极为鄙视宦官及那些谄媚之徒,甚至对那些谄媚宦官的从兄弟也没有好脸色。

在董卓乱政时期,许靖等人暗中培植反董势力。虽然失败了,但是也得到了士人的尊重。

因此,作为月旦评的主持者,许劭和许靖都有着不畏强权、正直清廉的品格。这才能让他们的评语得到世人的认可。

建安元年(196),曹操迎汉献帝至许县(即魏国许都),从此以献帝名义发号施令,总揽朝政。为了进一步选拔人才并巩固自己的地位，曹操决定举办一场盛大的月旦评，而这场盛会的主持重任，最终落在了才华横溢的杨修肩上。

曹操所选的风评之地颇有风情，乃是在许县城外依山傍水的一处空场上搭台，台周以彩幔围绕，上悬"月旦评"三个大字。此时台上还空无一人，但场下已经三五成群聚集了一群围观者。天下名士齐聚许县，乃是数年不遇的盛景。

少女们窃窃私语地议论着：

"那位穿蓝衣的是谁家子弟？你快去打听打听……"

"现在只能看看脸，有没有真才实学，要一会儿上了台才知道……""听说今日主持评论的杨修杨公子，就是出身高贵，长相俊美又博学的……""曹司空的几位公子不知来了没有？"

一处香车旁，已经有一位书生和一位姑娘看对了眼。姑娘从车中轻轻送出一块手帕，书生欣喜地接过……贫民家的女孩子也来了不少。她们天然去雕饰，带着鲜花，手拉着手踏歌而来："涉江采芙蓉，兰泽多芳草。采之欲遗谁，所思在远道……"她们身边也聚集了不少人，连刘桢也被她们所吸引，和她们一起载歌载舞。徐庶忽然看见司马懿兄弟，大为惊喜，挤上前道："仲达！你不是不来吗？哈哈，按捺不住了吧？"

司马懿道："我不做官，我只是让我弟弟来争一口气。我司马家的三公子虽然不求功名，也不能让人诽谤成无才之辈。"

第四章　锋芒毕露　智勇双全

司马孚不好意思地一笑："其实我真无所谓的。"

徐庶问："那仲达你自己不上台？"

司马懿淡然："不必去了。"

徐庶正色道："你呀，看似淡泊，其实是自傲。你我生在这乱世，不幸又读了书，活下去的意义便只有两个：第一，踏上这刀山，让自己的声名流传下去，不负所学；第二，为这乱世里的百姓，谋一点希望。"

此时台下人已越来越多，人群中出现了微服的曹操、满面春风的曹丕，还有10来个也穿着便服的卫士，隐藏在人群中。

杨修、荀彧、司马防三人款款上台。杨修衣袂飘飘，服饰华贵，仪表英俊，风姿倜傥，面上带着微笑。他们前面的桌案上摆着笔墨、书卷、香炉，彩幔上挂着的一条条白布，便是今日写评语之处。

杨修躬身："荀令君请，司马公请。"荀彧和司马防坐了上座，但杨修的态度分明显示出他才是今日月旦评的主角。鼓声响起，今日的月旦评开始了。一名文吏高声道："请拿到红签的先生，依签上次序入场！"几十名拿着红签的名士依次上台。司马懿把司马孚一推："快去。"司马孚有些胆怯，徐庶把他一拉："走吧走吧。"士子们在台上站定，司马孚躲在徐庶后边。司马防并没有看见自己的儿子。

这时郭嘉一身青衣挤进来,站在曹操身边。

曹操笑:"你来做什么?"

郭嘉道:"躬逢盛况,大开眼界,岂能错过?"

旁边一个名士多嘴:"我还以为这辈子也见识不到这等盛会了!"

郭嘉和曹操对视后会心一笑。台上,杨修看着荀彧:"请荀令君下令。"

荀彧淡淡地抬手:"司空求贤若渴,望天下有才之士,踊跃自荐,为万世开太平。月旦评一如前例,由杨公子主持。杨公子请。"

杨修也就不推辞了:"许氏兄弟之后,月旦评二十载不闻,晚生奉司空之命,重开此台,恭迎四海名士!请!"

刘桢迤迤然向前出列,向三人一一行礼:"东平刘桢,幸会杨公子,请评在下诗文。"他捧上竹简。

杨修笑着摇头:"阁下诗文,在下尽读过,不敢欺瞒,就如实评价了。"

刘桢有些意外,又有些受宠若惊:"哦?在下平日诗文并未编成册,居然能入杨公子之眼,三生有幸。"

杨修道:"上自诗三百、汉古风,下至今人诸君之诗文,但作一首,在下知一首,不读天下之诗文,又焉敢风评天下之君

第四章　锋芒毕露　智勇双全

子？"说罢，杨修走到悬挂的白布前，书童捧上笔墨。杨修在布上写下：思健功圆，清新刚劲，气过其文，雕润不足。二等。

台下顿时议论纷纷："才二等啊？"

台上的刘桢颇不服气道："二等？不知这评语，有何根据？"

杨修道："阁下的长处想必自知，若是问短处，阁下诗不出山水，赋不过风土，用语多俗，取媚世风，于当今天下，只能屈居二等。"

司马懿轻轻点头。徐庶也轻声说："这个杨公子，眼光倒是很毒辣啊。"

刘桢有些词穷，又有些不甘心："冒昧请教杨公子，杨公子评我为二等，那么一等是谁？也好让在下有学习效法的门径。"

杨修在台上潇洒地踱步："刘公子既然发问，在下就多评几句。当世第一等诗人，为曹司空与王仲宣（王粲）！司空之诗，古直雄健，甚有悲凉之气，气吞江海，睥睨天下；仲宣之诗，骨气奇高，词采华茂，溢古今，卓尔不群。若司空升堂，仲宣入室，如阁下与诸君，可坐于廊庑之间矣！"

他一番高论，引得台下人一阵叫好之声。杨修情不自禁地看了曹操一眼，颇有自得之意。曹操也正带着赞赏的目光望向他，显然这一番称赞打动了他的心。人群中微服的曹丕也是双目放光，但曹丕听杨修丝毫不提自己的诗，神情有些不悦。唯有荀彧低垂眼眸，不动声色。

徐庶笑道："怪不得杨公子年纪轻轻，就可以守住这月旦评的主位，我该早点来凑热闹的。"

司马孚低声："这杨公子见识不凡，言辞明厉，我有点不好意思见他了……"

徐庶悄声笑："别怕，有你二哥在下面给你撑场呢。"

台上，刘桢心悦诚服地一躬身："今日方知人外有人，居于曹司空与王仲宣之下，我这廊庑坐得心悦诚服，这二等，我领了！"书童将那幅字挑下来送给刘桢，刘桢提着那幅字下了台。

杨修继续朗声道："下一位！"

趁着刘桢下台，人群有些骚动，郭嘉好像感觉到了什么，警惕地看着四周。司马防在台上心提到了嗓子眼，但还故作镇定，只见额角有汗水滚落。

徐庶刚走出一步，忽然转身，将司马孚往前一推，司马孚惊愕地走在了最前面。司马防这才看见儿子上去了，大吃一惊。司马懿笑着向司马孚点点头。

司马孚鼓起勇气走上前："在下河内司马孚，特来请杨公子……风评指点。"

杨修眼神一闪："司马公子啊，幸会。阁下是要品评字画，还是文章？"

第四章　锋芒毕露　智勇双全

司马孚说:"在下师从胡昭老师学经,写有《尚书六注》一篇,请杨公子点评。"

司马孚取出竹简,恭敬地双手捧起,杨修接过一目十行地匆匆一览,便笑道:"阁下所注的《尚书》,其中有一篇是伪作。可惜啊,阁下的功夫白费了,回去重写一篇吧。"

司马孚一怔:"此话怎讲?"

"就在去年,儒学大家郑玄宣布,古文《尚书》中《咸有一德》一章,乃是当时人的伪作。"杨修答。

"这……《咸有一德》作为《尚书》篇章已久,不能因为一家之言,就全篇废黜吧。"司马孚有些紧张。

杨修见他不理,以为他高傲,质问:"哦,难道郑玄错了?"司马孚心不在焉地说:"哦……那也许是我错了吧。"台下哄然而笑。

杨修也忍不住被逗乐了:"阁下认错,那就回去再用功吧。"司马孚郁郁寡欢地就要下台,司马懿有些着急了,下意识脱口:"郑玄错了!"他虽声音不大,却被杨修听到,杨修目光凌厉地一扫,荀彧忽然睁开了眼睛,也看到了司马懿。

杨修道:"何人妄加指责先贤大儒?上台来说!"众人纷纷望向司马懿。面对杨修凌厉的逼视,再加上台下数百人的目光,他无处躲藏。

徐庶干脆走下台将司马懿拉上去:"上去说嘛!"司马防看到二子上台,脸色更加灰白。

司马懿被徐庶拽上台,有些紧张,为难地轻声解释着:"在下没说杨公子有误……我只是说,郑玄先生评判《咸有一德》一章遗失,太过草率。司马迁将伊尹所作的《咸有一德》和《尹诰》混为一谈,郑玄从《尹诰》丢失,断定《咸有一德》丢失,或许司马迁和郑玄他们都弄错了……"

二人对话时,司马懿说话声音太小,曹操没听清,便向司马懿身边挤过去。曹丕看见父亲,忙凑了过去。

杨修目光一扫,冷冷开口道:"阁下是何人?"司马懿不卑不亢,淡定地躬身施礼:"在下司马懿,并无与杨公子争执之意,我只是为舍弟辩白几句,我以为他读的书并没有错。"

杨修不由得缓缓踱上两步,打量着司马懿,随即傲慢地嗤笑一声:"原来是兄长为弟弟护短来了,那好,就请问公子读了何等奇书,敢论定司马迁和郑玄错了?"

面对如此轻慢无礼的质问,司马懿仍是不卑不亢:"在下才疏学浅,司马公和郑玄先生便是圣贤,也难免有误……《咸有一德》这章文字乃是伊尹告诫太甲的话,便是说,天命无常,为君者只有经常修德,才可保住君位;停止修德就会失去君位。此乃孔子作《春秋》的微言大义,与编《尚书》的主旨相符,这是其

第四章　锋芒毕露　智勇双全

一。"

"符合《春秋》大义不代表就是《尚书》原作,牵强附会也并非治学之法。司马公子,你广求学问之心固然不错,但治学乃是厚积薄发之事,纵然不能博闻强记有所开创,也不可随波逐流人云亦云啊。"

司马懿冷静谦逊地答道:"多谢杨公子教导。不过在下以为,当此乱世,文字书简散佚大半,我辈治学,从残章断简中重塑文明,在于上合圣贤之精神,下利国民之策略,而不在于寻章摘句,彼此争斗。这篇文章,既然上可规劝君王,下可教导庶民,便当流传于后世,研究注疏,又岂会是无用之功呢?"听到此,杨修望向司马懿的目光竟然有了几分惺惺相惜之情。曹操对郭嘉说:"这个也不错,许县是卧虎藏龙之地啊。"

台下诸人听得出神,三两名士窃窃私语。一人道:"此人如此博学,从前怎未听闻其名?"有好事者回道:"他是京兆尹司马防的二公子司马懿,听说得过清河名士崔琰的风评呢!"众人释然:"怪不得敢跟杨公子叫板!"

第三节　衣带风波

曹操筹备月旦评意在网罗天下英才于帐下听用,似乎已经意满志得，但让他意想不到的是，有些人已经恨他入骨，希望在他最得意之时，杀之而后快。

事情起因于曹操迎献帝至许县之后，开始嚣张跋扈，挟天子以令诸侯，导致群臣不满，天下生怨。而最恨他的会是谁呢？

这一日，含章殿后宫的气氛十分紧张，董贵人容貌娇美，衣着华贵，正紧张地给刘协擦拭脸上的血痕。刘协眼中含泪，颤抖着问："他最近欺辱朕愈甚，不惜铲除异己，是不是知道你们……"国丈董承一边安抚着刘协一边说道："那些忠臣只是想劝曹操隐退，竟遭此毒手，曹贼篡逆之心昭然若揭！"

刘协一下慌了："那，朕该怎么办……"董承跪地道："请陛下下诏，臣为陛下除此贼！汉室忠义之士仍在，岂能让此贼欺凌陛下！"

刘协拿起放在身边的一条衣带，其上血字清晰可见："这是朕的衣带诏，将军拿去……朕一身性命，汉室百年基业都交托给你了……你不能负朕！"董承诚惶诚恐地接过，郑重叩首道："老臣粉身碎骨，不负皇恩！"

刘协挥手："快去！快去吧！"董承退到宫殿门口，刘协忽然又后悔了："董承回来，快叫他回来！"董贵人大声朝外叫道："父亲，快回来！"

董承忙回到殿中，刘协紧张地低声道："万一被曹操知

第四章　锋芒毕露　智勇双全

道……"董承忽然从怀中拔出短剑,刺入手臂,鲜血顿时流出:"臣以血明誓,臣人头在,衣带诏在!臣一旦出事,陛下可将一切推至臣身上。就算臣人头落地,亦有万千忠臣会营救陛下!"

刘协无力地挥挥手:"好,快去吧!"

董承深知单凭一己之力无法对抗曹操,于是他开始秘密联络各方忠于汉室的势力。他找到了种辑、吴硕、王子服、刘备、吴子兰等人,共同商讨对抗曹操的大计。他们决定采取暗杀行动,以最小的代价除掉曹操。

为了扩大影响力和寻找更多支持者,董承等人决定利用月旦评这一盛会作为契机,在曹操疏于防备之时,给他致命一击。月旦评本是风雅学士品评人物、交流思想的平台,董承等人却暗中策划将其变为起事的地点。他们计划在集会上对曹操实施暗杀,然而往往人多不成事,恰巧这一计划被曹操的心腹郭嘉提前洞悉。

校事府门前精干的守卫森严伫立,看到郭嘉都单膝跪下,动作整齐,却一言不发。郭嘉大步进门,门口的守卫高声通报:"奏事!"门外早已排队等候的10名校事皆是统一的黑色劲装,各捧着一堆文书进来,他们将文书一一放置在郭嘉案头。

一名杂役捧上水盏,郭嘉抿了一口,又不满意地随手放下,打开第一卷文书快速浏览,口中道:"换酒。"杂役上前回道:"司空有令，军师肺疾复发，不能饮酒。"

郭嘉猛然抬头，看着那名杂役。在那道凌厉目光的逼视下，杂役却不动声色地捧着一盏水，既不见恐惧，也无丝毫不敬，不卑不亢，恰到好处。郭嘉忽然大笑："好！这才是校事府，我们替司空监察百官，你替司空监察我。"他拿过水一饮而尽："奏事！"

一名探子回禀："一个时辰前，董承进宫了。过了许久才走出宫门，慌慌张张，衣袖似有血迹。"

郭嘉的手轻轻点着桌面："河北和江东加派探子，袁绍和孙策的兵马一有动向，立刻禀报！"

探子们齐声道："是！"

郭嘉缓慢地摊开自己桌上的地图，手中的扇子在河北的地界划过，又在江东的地界划过，最后还是轻轻点在了许都那个圆点上。他抬起头，仿佛看到了天空之中风云涌动，自言自语道："你们谁会先动？袁绍，刘表，孙策？还是，萧墙之内……"

尽管董承等人计划周密，但最终还是因内部出现叛徒，行动不慎而泄露了机密。曹操得知衣带诏的存在后，勃然大怒，立即下令展开全面搜捕。董承、王子服等人相继被捕，满门抄斩。

衣带诏风波搅动得朝堂之上人心惶惶。杨彪，这位昔日汉家的重臣，因卷入衣带诏案，一夜之间从云端跌落至深渊，被曹操

第四章 锋芒毕露 智勇双全

囚禁于暗无天日的地牢之中。

杨彪被卷入衣带诏事件,主要源于他在朝中的地位、他与袁术的旧情以及曹操对他的猜忌。杨彪是汉末三国时期的名士,位列三公,地位显赫。他不仅在朝廷中拥有重要的影响力,还与袁绍、袁术等地方势力有旧情。这种背景和关系使得杨彪成了曹操眼中的潜在威胁。

曹操在掌握朝政大权后,为了防止杨彪勾结二袁,与自己分庭抗礼,建安二年(197),曹操假借衣带诏之事将杨彪下了大狱,并打算顺势除掉他。虽然衣带诏事件的直接参与者主要是汉献帝、董承、刘备等人,但杨彪还是因此遭受了牢狱之灾。

消息传至杨修耳中,犹如晴天霹雳,他深知,若不能及时营救父亲,杨家恐将万劫不复。

幸运的是,在这危难之际,有一人勇敢地站了出来,他就是"建安七子"之一——北海太守孔融。孔融博学善辩,曾受杨赐赏识提拔,敢于仗义执言。孔融得知杨彪被曹操囚禁的消息,心中愤怒与忧虑交织。他深知,若任由此事发展,不仅杨彪性命难保,还可能引发朝野动荡,威胁到汉室江山。

孔融决定亲自出马,营救这位德高望重的老友。他首先秘密联络了几位忠于汉室的朝臣,共同商议对策。众人皆知孔融口才了得,善于辩论,便一致推举他为主使,前往曹操府邸陈情。

夜幕降临，孔融身着便服，手持一封密信，悄然踏入曹操府邸。他深知此行凶险万分，但为了救出杨彪，他已将生死置之度外。

曹操见孔融深夜来访，心中虽有疑惑，但仍不动声色，命人赐座上茶。孔融开门见山，将密信递到曹操手中，信中详述了杨彪的清白无辜，以及他一生忠于汉室、勤勉治国的功绩。

曹操阅信后，眉头紧锁，沉默不语。孔融见状，趁势而起，言辞慷慨激昂："司空，杨公乃我朝栋梁，其忠贞之心日月可鉴。今因小人构陷，竟遭此无妄之灾，实为天下所不容！丞相若真乃明理之人，当明辨是非，还杨公清白！"

曹操闻言，冷笑一声："孔文举，你可知这宫中之事，复杂多变？杨彪与袁术旧情颇深，我怎能不防？"

孔融毫不退缩，针锋相对："司空此言差矣！昔日杨公与袁术虽有交往，但那皆是国事所需，非私情所牵。如今袁术已败，杨公仍忠心耿耿，为汉室操劳。司空若因昔日之事而枉杀忠良，岂不是寒了天下士子之心？"

曹操听后，面色阴晴不定，他深知孔融言之有理，但心中仍存疑虑。孔融见状，继续进言："司空若不信，可派人详查此事，必能还杨公清白。若司空执意加害杨公，只怕朝野哗然，对司空的声誉亦是不利。"

曹操沉默良久，最终缓缓点头："孔文举言之有理，我自会

第四章 锋芒毕露 智勇双全

派人详查此事。若杨彪果真无辜,我自会还他清白。"

孔融闻言,心中大喜,连忙拜谢曹操。他知道,这一战虽未全胜,但至少为杨彪争取到了一线生机。孔融带着希望离开了曹操府邸。

而杨彪在狱中得知孔融为他奔走呼号的消息后,也是感激涕零。他深知自己虽身处逆境,但有孔融这样的挚友相助,定能化险为夷。

再说杨修这一边,他得知孔融面见曹操无果而返,内心焦急万分。他深知,唯有智取,方能有一线生机。夜深人静,杨修独坐书房,一个大胆的计划在他心中悄然成形。

次日,一封伪造的书信悄然出现在曹操的案头,信中"揭露"了司马防与袁术暗中勾结的"铁证"。曹操阅后大怒,立即下令彻查司马家。消息不胫而走,朝野震动,司马懿更是心急如焚,四处奔走以求清白。

然而,这一切都在杨修的预料之中。他深知,以曹操的多疑性格,他定会被这突如其来的"背叛"激怒,从而暂时忘却对杨彪的处置。而他所做的为父亲争取到了宝贵的时间。

与此同时,杨修并未停下脚步。他暗中联络朝中忠臣,尤其是深得曹操信任的荀彧,共同策划了一场更为精妙的局。荀彧虽知杨修用意,但出于大局考虑,并未直接点破,反而与司马懿联手，上演了一出假暗杀戏码，成功地将曹操的注意力从司马家引开，进一步混淆了视听。

在这场没有硝烟的战争中，杨修凭借自己的智谋与胆识，一步步地将曹操引入了他所布下的局中。而曹操，虽为一代枭雄，却也在这场智力的较量中显得有些力不从心。

终于，在一个月黑风高的夜晚，杨修带着荀彧的亲笔信，踏入了曹操的府邸。信中，荀彧以国家大义为重，恳请曹操释放杨彪，以安人心。同时，杨修也向曹操展示了自己掌握的"证据"，证明司马防的清白，并暗示这一切皆是误会。

曹操望着眼前的杨修，心中五味杂陈。他深知杨修的才华与胆识，更不愿因一己之私失去这样一位人才。最终，在权衡利弊之后，曹操决定释放杨彪，并对杨修表示了难得的赞赏。

杨修跪谢曹操的恩典，心中却无半点喜悦。他知道，虽然这次达成了目的，但未来的路依旧漫长且艰难。而他所能做的，就是继续用自己的智慧和勇气，守护这个风雨飘摇的家族。

第四节　人生劲敌

在月旦评与衣带诏两个重大事件中，脱颖而出的不只杨修一人，还有一位与杨修性格迥异的司马懿。

第四章　锋芒毕露　智勇双全

在月旦评这一文人雅集上，司马懿的表现堪称沉稳内敛，又不失锋芒毕露。他以一种超然物外的姿态步入会场，眼神中透露出一种深邃与睿智，仿佛早已洞察世间万物。在月旦评的讨论中，司马懿并未急于发表见解，而是先静心聆听他人的评论与分析。他细心观察着每位参与者的言谈举止，从中捕捉信息，分析局势。他的沉默并非无动于衷，而是积蓄力量，等待最佳时机。

当讨论逐渐深入，司马懿终于开口。他的言辞精准而有力，每一个字都经过深思熟虑，直击问题的核心。他不仅能够引经据典，阐述自己的观点，还能够巧妙地反驳他人的论点，展现出非凡的逻辑思维和辩论能力。更为难得的是，司马懿在发表见解时始终保持谦逊有礼的态度，尊重每一位参与者的意见。他善于倾听不同的声音，即便是在激烈的辩论中，也能保持冷静与克制，避免情绪化的冲突。这种风度与气度，赢得了在场众人的敬佩与尊重，也给杨修留下了深刻的印象。

在衣带诏事件中，当司马懿得知杨修伪造书信构陷他的父亲司马防时，他经历了一番复杂的心理活动，对日后他们二人的关系产生了深远的影响。

突如其来的脏水泼向他的父亲，这让司马懿感到十分震惊，他难以相信杨修会采用如此卑劣的手段来对付自己的家族。这让他一时之间无法接受事实。愤怒与屈辱在司马懿心中迅速蔓延。

他感到自己的家族尊严受到了前所未有的践踏，对杨修的仇恨与厌恶油然而生。这种愤怒不仅源于对个人名誉的损害，更在于对家族荣誉的深切关怀与守护。然而，司马懿毕竟是位冷静且富有策略的谋士，他不会让愤怒冲昏头脑。在短暂的愤怒之后，他迅速冷静下来，开始分析杨修此举的动机、目的以及可能带来的后果。同时，他也在思考如何应对这一危机，如何洗清家族的冤屈，如何在未来与杨修的仕途交锋中占据上风。

这次事件无疑让司马懿对杨修有了一个全新的认识。他已经意识到杨修不仅才华横溢，更是一个为了达到目的不择手段的狠角色。这种认识让司马懿在未来的政治斗争中更加警惕杨修，同时也让他更加珍视自己的政治盟友，以免再次陷入类似的困境。

在衣带诏事件的风波稍息之后，一个偶然的机会，杨修与司马懿在宫廷的偏僻走廊中不期而遇。月光透过云层，洒在他们身上，为这场对话增添了几分神秘与凝重。

杨修先开口，语气中带着一丝不易察觉的复杂情绪："仲达，近来可好？衣带诏之事，想来你也颇为费心。"

司马懿闻言，眼神微凝，随即恢复常态，淡淡一笑："德祖言重了，司马家虽受波及，但好在最终得以澄清。倒是德祖你，智计无双，让人佩服。"

杨修轻轻摇头，苦笑一声："哪里，不过是权宜之计罢了。

第四章　锋芒毕露　智勇双全

你我皆知，这宫廷之中，哪有真正的清白与无辜？"

司马懿闻言，眼神闪烁，似乎在思考什么。片刻后，他缓缓说道："德祖此言差矣。虽然宫廷险恶，但人心自有其光明之处。你我虽为对手，亦应秉持正道，方不负这身才华。"

杨修闻言，微微一愣，随即哈哈大笑道："仲达果然高见！我杨修虽行事不羁，但心中亦有尺度。此次构陷之事，实属无奈之举，还望仲达海涵。"

司马懿轻轻点头，语气中多了几分真诚："德祖言重了。你我虽立场不同，但你的才情与智谋，却是我所欣赏的。未来若有机会，或许还能携手共谋大事。"

杨修闻言，眼中闪过一抹异色，随即笑道："仲达此言甚合我意。只是这宫廷之中，变数太多，你我能否携手，还需看天命如何。"

司马懿微微一笑，不再多言。两人对视片刻，仿佛从对方的眼中看到了彼此的坚持与无奈。最终，他们各自转身，消失在了夜色之中。

世事弄人，此二人在以后的仕途中竟成了势如水火的人生劲敌。

第五章
登科入仕　拜为相簿

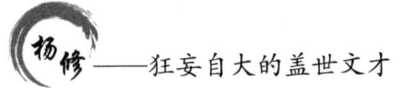
杨修——狂妄自大的盖世文才

第一节 孝廉郎中

在月旦评与衣带诏事件中,杨修的表现可圈可点,令朝野上下服膺他的才学与胆识。而曹操本就对人才求贤若渴,他深知,在这个动荡不安的时代,唯有广聚英才,方能成就一番霸业。从此,杨修走进了曹操的视野。

虽然杨彪受衣带诏牵连惨遭下狱,杨彪却不反对儿子杨修为曹操效力,渐渐地,曹操也向杨修伸出橄榄枝。

据《三国志》记载:"杨修字德祖,太尉彪子也。谦恭才博。建安中,举孝廉,除郎中。"

中国封建社会的官吏选拔制度,汉代主要是乡举里选,魏晋南北朝为九品中正制,唐代以后盛行科举制。汉代的乡举里选,主要是由地方官保举本地的士人到中央,经考察后授予其一定的官职,选举的科目有贤良方正、孝廉、辟除等。其中孝廉是最重要的选举制度。

孝廉,是汉代选拔官吏的一种制度,孝即孝悌者,廉即清廉之士。孝廉即是"孝顺亲长、廉能正直"的意思。汉朝以孝治天下,特重孝廉之科,根据儒家的思想,强调为人立身以孝为本,任官从政以廉为方,因此,察举孝廉被确定为选拔人才的最重要

第五章　登科入仕　拜为相簿

的科目，成为汉代察举制度最有代表性的科目。汉武帝进一步把察举发展为一种比较完备的选官制度。

举孝廉，除了考察是否孝廉之外，还有年龄限制。据《三国志》记载："修年二十五，以名公子有才能，为太祖所器。"

这句话的大意是：杨修在25岁时，因为其卓越的才能和名声，被太祖（指曹操）器重。也就是说，杨修在建安五年（200）被曹操器重，在举孝廉不久，就担任郎中这个官职。

"郎中"又是一个什么官？此郎中非医家所称之郎中。

郎官最早出现于春秋战国时期，当时称为郎中，意思是王的直属家臣，在走廊上担任王身边的警卫。本来写作"廊中"，后来因为"廊，通郎"，就变成了郎中。郎官的职责为守卫宫殿和扈从皇帝，中央或地方官员有缺时，可由郎官中选任。

郎官因在皇帝身边，有较多接触皇帝的机遇，所以汉代由郎官出身后来成为高官的人不少，汉武帝时尤多。这是因为汉武帝初上台时年轻，朝中老臣较多，起初汉武帝对朝政的发言权不大，后来可能是从大臣的养士之风得到启发，便有意识地培养左右亲信中评议朝政的人才，一是为开阔自己的见识，二是在身边形成一支可以与朝臣讨论政事以加强自己发言权的议政力量。汉武帝的这个办法，实在是一举两得。

皇帝身边的郎官，如果表现突出，得到赏识，便有进一步升迁的机会，或是升为大夫，或是外放而成为年俸600石以上的"长吏"，甚至成为2000石的高官。总而言之，皇帝身边的郎官或大夫，升迁的机会要远多于一般朝廷官僚。所以，成为郎官，在当时乃是一种相当大的荣耀。

第二节 署仓曹属

自建安元年（196），曹操迎汉献帝至许县，从此用献帝名义发号施令，总揽朝政，东汉朝廷控制在权臣曹操手中。而他推崇"唯才是举"的用人方针，所以曹操对杨修的才华十分欣赏，欲将其收入囊中。据《三国志》记载：

> 建安中，举孝廉，除郎中，丞相请署仓曹属主簿。是时，军国多事，修总知外内，事皆称意。自魏太子已下，并争与交好。

从这段记载中可以看出，杨修最终的官职是"丞相请署仓曹属主簿"。"丞相"，东汉末年中央政府的最高行政长官，负责全国政务；"仓曹属"，仓曹是古代官署名，负责粮食、仓储等事务，属则是官职中的副职，仓曹属即指在仓曹部门担任副职的官员；

第五章　登科入仕　拜为相簿

"主簿"是官职名，主要负责文书、档案、簿记等事务，相当于现代的秘书长或文书处理官员。

综合来看，"丞相请署仓曹属主簿"的意思是：丞相（曹操）委任杨修担任仓曹部门的副职，即仓曹属，并担任主簿一职。那么，仓曹是何官职，在当时的官职体系中处于怎样的位置？主簿的职权大小又如何？

这要追溯到汉朝的官职体系。西汉设立六尚十三曹，到东汉时期官僚政治制度继续发展。两汉宰相的权力都非常大，与皇权分庭抗礼。尤其在东汉末期，从皇帝和宰相各自的秘书设置确实可以窥见宰相当时权力之大。这一时期的秘书设置不仅反映了政治权力的分配，还揭示了皇权与相权之间的微妙关系。

皇帝为了处理日常政务和宫廷事务，设立了"六尚"作为自己的秘书团队。这"六尚"分别是尚衣、尚食、尚冠、尚席、尚浴与尚书。这些官员各司其职，分别负责皇帝的衣、食、起居、礼仪及文书等方面的事务。其中，尚书一职尤为特殊，它原本只是掌管文书的秘书官，但在后来的政治发展中逐渐获得了更多的权力，成为皇帝身边重要的参谋者和决策者之一。

宰相作为政府首脑，其秘书的设置自然也是极为庞大和复杂的。在东汉时期，宰相设立了"十三曹"为自己的秘书处。

这些曹分别负责不同的领域，如府史署用、长吏迁除、祭祀农桑、政府章奏、词讼法律、邮驿科程、转运、盗贼、罪法、兵役、货币盐铁、仓谷以及簿录众事等。从"十三曹"的设置可以看出,宰相在当时不仅负责全国的行政事务,还掌握着官员的任用、赏罚以及军事行动的指挥策划等重权。这种秘书设置使得宰相的权力加强,全国的政务几乎都集中到了宰相手中。

从仓曹的设置可以看出,汉代宰相的职责几乎涵盖了国家政务的方方面面。仓曹作为宰相辖下的一个重要办事机构,其权力也直接来源于宰相。

仓曹的长官称掾,副长官称属,掾俸比300石,属比200石。也就是说,仓曹属是汉代官制中仓曹掾的副职官员,而仓曹属主簿则是仓曹属的副手,其职责主要是协助仓曹属管理仓库粮食等事务,包括粮食的收储、分配以及相关的财务和行政管理工作,在官职体系中属于较低级别。

第三节　丞相主簿

丞相主簿,是中国古代官职名称,主管文书簿籍及印鉴,即负责起草文书、管理档案以及管理各种印章等,大致相当于现代的秘书一职。当然,丞相主簿也会作为丞相的高级参谋,参与商讨军国大事。杨修担任丞相主簿一事在史料中多有记载。

第五章　登科入仕　拜为相簿

建安十三年（208），在北征乌桓之后，曹操彻底扫平袁绍势力，进一步加强权力控制。曹操废黜三公制度，设置丞相、御史大夫，自任丞相。直到建安十八年（213）曹操任魏公，这期间曹操一直以丞相身份控制朝政。

也就是在这个时候，杨修与司马懿都已被曹操揽入智囊团。曹丞相使用强制手段征召司马懿为文学掾，而杨修转任丞相主簿。

就在杨修刚刚任丞相主簿不久，曹操开始筹备讨伐江东孙权的战事，也就是后人熟知的赤壁之战。

大战前夕，丞相府内灯火通明，紧张而忙碌的气氛弥漫在每一个角落。作为丞相主簿的杨修，正伏案疾书，笔尖在竹简上飞快划过，记录着丞相曹操最新的军令与部署。窗外夜色深沉，但杨修的心中如同白昼般明亮，他知道，即将来临的赤壁之战，不仅是对曹操统一大业的一次重大考验，也是对他个人智慧与能力的极限挑战。

一日深夜，曹操步入丞相府，径直走向杨修的书房。见曹操亲至，杨修连忙起身行礼，曹操挥手示意他免礼，径直走到案前，审视着几案上的文书。

"德祖，赤壁之战在即，我军水师尚未成熟，陆战虽强，却难以在水上与江东水师抗衡，你有何良策？"曹操的声音中带着几分忧虑。

杨修沉思片刻,缓缓道:"丞相勿忧,兵法云'知己知彼,百战不殆'。我军虽不擅水战,但可借势而为。江东孙权,虽有长江天险,却也因此自缚手脚,不善陆战。我军可遣奇兵突袭,扰乱其后方,使其首尾不能相顾。同时,可利用北方战马之利,训练精锐骑兵,伺机而动,一旦战局有变,即可迅速穿插敌后,给予其致命一击。"

曹操闻言,眼中闪过一丝赞许:"德祖之言,甚合吾意。但具体实施,还需周密部署。你且详加筹划,明日朝会上,我要听到你的详细方案。"

次日朝会,杨修站在众谋士之中,将他的战略构想娓娓道来。程昱、荀攸等老臣纷纷点头,表示赞同。而贾诩则提出疑问:"德祖之计虽妙,但江东周瑜、诸葛亮皆非等闲之辈,恐其早有防备。我军突袭后方,若不能速战速决,恐陷入被动。"

杨修微微一笑,从容不迫:"贾公所言极是,故我军行动需极其隐蔽,且需多线并进,令敌人难以捉摸我军意图。修以为,我们应利用敌军内部不和,分化瓦解,同时可派遣细作混入江东,散布谣言,动摇其军心。我方则要加强水军训练,利用我军人数众多之优势,兵分多路,以多打少,逐步蚕食其领地,迫使其不得不分兵救援,从而露出破绽。以迅雷不及掩耳之势,直捣

第五章　登科入仕　拜为相簿

黄龙。"

一番话毕,曹操抚掌大笑:"好!德祖之策,深得兵法精髓。诸卿当齐心协力,共襄盛举。"

为了确保水战顺利,曹操决定收买荆州降将蔡瑁、张允,利用其熟悉水性的优势,训练水师。然而,蔡、张二人虽表面归顺,心中却各有打算。杨修奉命前往二人营帐,进行最后的交涉。

"蔡将军、张将军,丞相深知二位乃水战行家,特命在下前来,与二位共商大计。"杨修言辞恳切,目光炯炯。

蔡瑁沉吟片刻,道:"杨主簿,非是我等不愿效力,只是江东水师勇猛善战,我军仓促之间,恐难以匹敌。"

杨修微微一笑,从袖中取出一封密信:"二位将军且看,此乃丞相亲笔书信,承诺战后论功行赏,二位将军必将封侯拜相。再者,丞相已命工匠日夜赶造战船,并调集北方勇士,誓要打破江东水师的神话。二位将军若肯鼎力相助,何愁大事不成?"

张允接过密信,与蔡瑁对视一眼,心中暗自盘算。最终,二人点头应允,表示将全力配合曹操的军事行动。

在接下来的日子里,杨修忙于各种琐事。他不仅要处理丞相府的日常事务,还要秘密联络江东的投降派,为他们传递消息,许以重利。他深知,这场战役的胜利,不仅仅取决于战场上的拼杀，更在于背后的智谋与运作。在杨修的努力下，江东内部的一些将领开始动摇，他们暗中与曹操取得联系，表示愿意在关键时刻倒戈。

按照之前的谋划，为了打破隔江对峙的僵局，曹操决定派遣使者前往江东，一方面拉拢投降派，另一方面试图通过外交手段瓦解孙刘联盟或至少探明对方的虚实。曹操的谋士队伍中，蒋干以口才与机智著称。面对即将到来的与孙刘联军的对峙，曹操欲通过劝降周瑜来避免一场大战。于是，他召见了蒋干，希望蒋干利用与周瑜昔日的同窗情谊，过江一试。蒋干欣然领命。

杨修得知蒋干即将出使江东的消息后，心中暗自思量。他深知此行意义重大，也意识到蒋干虽口才了得，但在复杂的政治斗争中，仅凭口舌之利或许难以应对周瑜等江东智者的算计。于是，杨修决定主动找到蒋干，为他提供一些建议与帮助。

一日午后，杨修手持一卷文书，步入了蒋干的居所。两人寒暄几句后，杨修便开门见山地说："蒋兄此行江东，肩负重任，修虽不才，愿为兄长略尽绵薄之力。"

蒋干闻言，心中感激，连忙请杨修入座，并虚心求教："德祖有何高见，还请不吝赐教。"

杨修微微一笑，将文书置于案上，缓缓展开："此行江东，兄长需格外小心周瑜等人的诡计。江东之地，英才辈出，他们

第五章　登科入仕　拜为相簿

或许会利用兄长与周瑜的旧情,设下重重陷阱。兄长务必保持清醒,不可轻信他人之言。"

接着,杨修又从袖中取出一封密信,递给蒋干:"此乃我根据目前局势分析,整理出的一些江东可能采取的策略及应对之策。兄长可细细研读,或许能有所助益。"

蒋干接过密信,仔细翻阅,不禁对杨修的深思熟虑与周全安排深感敬佩。他感激地看向杨修:"德祖之才,果然名不虚传。有此良策在手,蒋某此行必能更加从容应对。"

随后,两人又就江东的风土人情、政治格局以及可能遇到的挑战进行了深入的讨论。杨修不仅为蒋干提供了详尽的信息,还分享了自己对这场战事的看法与预测,帮助蒋干更加全面地了解此次出使的背景与意义。

在杨修的鼎力相助下,蒋干信心满满地踏上了前往江东的征途。他心中盘算着如何以三寸不烂之舌说服周瑜归顺曹操,却未曾料到,这一行动早已落入了周瑜的精心布局之中。

蒋干抵达江东,将杨修代曹操写的密信内容说与孙权:"最近,我奉天子之命,讨伐有罪的叛逆,军旗指向南方,刘琮降服。如今,我统领水军 80 万人,将要与将军在吴地一道打猎。"孙权的部下无不惊惶失色。长史张昭等人说:"曹操是豺狼虎豹,挟持天子以征讨四方,动不动就用朝廷的名义来发布命令。今天我们如果进行抗拒，就更显得名不正，言不顺。况且将军抵抗曹操唯有依靠长江天险。现在，曹操占有荆州的土地，刘表训练的水军，已由曹操接管，长江天险实际上已由曹操与我们共有，而我方兵少将寡。因此，依我们的愚见，最好是迎接曹操，投降朝廷。"只有鲁肃一言不发。

孙权起身上厕所，鲁肃追到房檐下，孙权知道鲁肃的意思，握着鲁肃的手说："你想说什么？"鲁肃说："刚才，我仔细听了众人的议论，发现他们只是想贻误将军，不足以与他们商议大事。现在，像我鲁肃这样的人可以迎降曹操，将军却不可以。为什么这样说呢？现在我迎接曹操，曹操一定会把我交给乡里父老评议，也还会做一个小官，能乘坐牛车，有吏卒跟随，与士大夫结交，步步升官，甚至能当上州郡的长官。可是将军迎接曹操，打算到哪里去安身呢？希望将军能早定大计，不要听那些人的意见。"孙权叹息说："这些人太让我失望了。如今，你所说的正与我想的一样。"随后，孙权命鲁肃速召周瑜来见，以应对蒋干的劝降。

周瑜见蒋干来访，表面热情款待，实则暗藏玄机。席间，周瑜故意透露出对曹军水师强大实力的忧虑，同时又表现出对蔡瑁、张允两位水军将领的忌惮，言谈间似乎透露出两人或有异心的意思。蒋干闻言，心中一动，认为这是劝降周瑜的突破口，便

第五章　登科入仕　拜为相簿

不动声色地继续套话。

夜深人静之时，周瑜安排了一场"意外"，让蒋干"偶然"发现了一封"密信"。信中详述了蔡瑁、张允与江东的"密谋"，意图在关键时刻倒戈相向，助江东一臂之力。蒋干见状，心中暗喜，以为抓住了周瑜的把柄，连忙将信藏于怀中，次日便匆匆返回曹营。

回到曹操处，蒋干迫不及待地将"密信"呈上，并添油加醋地描述了周瑜的动摇与蔡、张二人的背叛。曹操阅信后，怒火中烧，他深知蔡瑁、张允在水军中的重要地位，一旦二人叛变，后果不堪设想。在愤怒与恐惧的驱使下，曹操未及细查，便下令将蔡瑁、张允斩首示众。

消息传到周瑜耳中，他嘴角勾起一抹淡笑。原来，这一切都是周瑜精心策划的反间计。他利用蒋干的多疑与自负，成功离间了曹操与两位水军将领，为赤壁之战的胜利埋下了伏笔。

而此时，杨修对蔡瑁、张允被杀一事的反应复杂而微妙。他呆愣了许久，眼中充斥着一丝丝不易察觉的忧虑。杨修深知蔡瑁、张允在水军中的关键作用，他们的突然离世无疑是对曹军的一大打击。但他也立刻意识到，这背后很可能隐藏着周瑜的诡计。杨修迅速在脑海中回顾了整个事件的始末，结合他对周瑜的了解，心中逐渐明朗起来。他暗自佩服周瑜的智谋，竟能如此巧妙地利用蒋干的多疑与自负，布下这精妙绝伦的反间计。然而，面对曹操的愤怒，杨修并没有立即出声反驳或质疑。他深知此刻曹操正处于愤怒情绪之中，任何直接的反对都可能触怒他，招致不必要的麻烦。于是，杨修选择了沉默，同时心中默默盘算着如何弥补这一损失以及如何在未来更加谨慎地应对周瑜。

关于上述的蒋干去东吴劝降的内容是融合了《三国演义》的写法，史书上并没有相关的详细记载，不过蒋干当初确是受到曹操所托去东吴劝说周瑜投降，但充满智慧的周瑜当然不会被说动，于是蒋干放弃了招降的念头，回到了曹营，最后赤壁大战还是如期爆发。

随着战期的临近，丞相府内外一片忙碌。杨修更是忙得脚不沾地，既要协调各方资源，确保军需供应充足；又要密切关注前线战况，随时向曹操汇报并提供建议。每当夜深人静之时，杨修总会独自站在丞相府的露台上，望着远方的江面，心中默默祈祷着这场战役的胜利。

终于，赤壁之战的战鼓敲响。曹操率领大军顺流而下，与孙刘联军隔江对峙。战斗初期，曹操凭借着人数和装备上的优势，一度占据上风。然而，随着黄盖的诈降船队逼近曹营，一场惊天动地的火攻让曹军陷入了前所未有的危机之中。

火光冲天而起，曹营瞬间化为一片火海。杨修站在高处，目

第五章　登科入仕　拜为相簿

睹了这一幕惨状。他心中虽有悲痛，但更多的是对战局变化的敏锐洞察。他立即下令调整部署，组织残军撤退至安全地带，并派人向曹操报告战况。

在这场决定性的战役中，虽然曹军遭受了重大损失，但杨修的冷静指挥和果断决策为曹操保留了一定的有生力量。战后，曹操对杨修的表现给予了高度评价，并对其委以更重要的任务。而杨修也在这场战役中更加成熟和稳重，为其日后的政治生涯奠定了坚实的基础。

第六章
文韬武略　争与交好

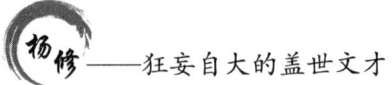杨修——狂妄自大的盖世文才

第一节 花间道友

杨修初任丞相主簿就赶上了影响时代走势的赤壁之战,虽然此战曹操铩羽而归,但是杨修还是在曹操面前证明了自己的智谋与协调内外事务的能力,博得了曹操进一步的信任和赏识。这一时期,曹操为了消灭各地割据势力四处征战,军政事务繁多,所以便放手让杨修总揽内外,协助自己处理军国要事。杨修聪慧过人,深知曹操心意,将这些事务处理得十分妥当,由此更得曹操喜爱。百官见杨修渐渐成为曹操身边的红人,便争着与他结交。他的府邸,也因此成了各方势力竞相拜访的热门之地。

丁仪(?—220),字正礼,沛国(今安徽濉溪)人,丁冲之子,丁廙之兄。在当时他和杨修同为才学美盛之士,颇有思想家的风采,以犀利的文笔和独到的政治见解著称。他写过一篇《刑礼论》,文章兼取儒、法两家之说,一方面强调先礼而后刑,另一方面又指出,所谓礼绝不仅仅是叔嫂不亲之类的伦理规范,而是必须别男女,定夫妇,分土地,班食物,要先行把这些维持社会生活正常运转的种种必要条件安排好,然后才去惩罚那些不合于正常秩序的言行。建安年间,丁仪与曹操的长女清河公主曾有婚约,但曹丕却以丁仪眼睛有问题为由,向曹操提出把清河公主

第六章 文韬武略 争与交好

嫁给夏侯楙,导致丁仪不能娶公主为妻。后来丁仪被曹操聘为西曹掾,开始有机会接触到杨修,并与之结交。

那是在许县某个春日的午后,阳光透过稀疏的云层,温柔地洒落在丞相府的庭院之中。丁仪正手执书卷,漫步于花径之间,口中喃喃自语,似在推敲着新作的词句。此时,一阵脚步声打破了四周的宁静,杨修面带微笑,信步而来。

"丁兄好雅兴,如此春日,竟能摒弃尘嚣,沉醉于学问之中。"杨修的声音带着几分敬意与亲切。

丁仪抬头,望见是杨修,眼中闪过一丝惊喜:"原来是德祖兄,久闻大名,今日得见,实乃幸事。"他放下手中的书卷,拱手行礼。

两人并肩而行,穿过花丛,来到一处凉亭坐下。春风吹过,带来阵阵花香,更添几分惬意。

"丁兄的《刑礼论》我已拜读,其中兼收并蓄,儒法相融,见解独到,令人钦佩。"杨修率先开口,语气中满是赞赏。

丁仪闻言,微微一笑,谦逊道:"德祖兄过誉了。小弟不过有感而发,试图在纷乱的世事中寻找一丝秩序与和谐罢了。《刑礼论》中所述,实乃个人浅见,尚需方家指正。"

"丁兄所言极是,世间万物,需礼法并行,方能长治久安。礼以导民向善,刑以惩恶扬善,二者相辅相成,缺一不可。"杨修接过话茬，言辞间透露出对治国理念的深刻理解。

两人越谈越投机，从刑礼之治谈到天下大势，再从诸子百家论及诗词歌赋。丁仪的文笔犀利，见解独到，让杨修深感共鸣；而杨修的机智与博学，也让丁仪刮目相看。

"德祖兄，你我虽初识，却似故人重逢。世间能遇知音，实乃人生一大幸事。"丁仪感慨道。

"丁兄所言极是，人生得一知己足矣。愿吾二人携手并进，共谋天下太平。"杨修亦满怀豪情地回应。

从此，丁仪与杨修结下了不解之缘，他们不仅在学问上相互切磋，更在政治理念上达成了高度一致。

第二节 莫逆之交

贾逵（174/175—228），字梁道，初名衢，后改名逵。河东郡襄陵县（今山西临汾）人。贾逵少为诸生，初仕郡吏，累迁县长、郡守，汉末入仕丞相（曹操）府，官任主簿，为曹操信用。贾逵曾在弘农任职过一段时间，与杨修有过一面之缘。后来，他们同在丞相府任主簿，交往日深，两人志趣愈加相投，而后在一次军事行动的筹备中彼此关系更近了一步，成为莫逆之交。

建安十九年（214），江东孙权势力日盛，攻破皖城，庐江太

第六章 文韬武略 争与交好

守朱光被擒。曹操震怒之下,决定南征江东孙权,一雪前耻。然而,连绵的雨季却让三军将士士气低落,大多数将领都不愿在此等恶劣天气出征。曹操为了稳定军心,颁布了严令:凡劝阻南征者,一律处死。

贾逵闻讯后,忧心忡忡,他认为雨季出征实乃不智之举,遂决定进谏。他私下找到杨修,两人于书房内促膝长谈。

"德祖,我心忧南征,欲向丞相进谏,但恐此举会触怒丞相。"贾逵眉头紧锁,语气中透露出深深的忧虑。

杨修闻言,轻轻拍了拍贾逵的肩膀,沉声道:"梁道兄,你我皆知丞相性情,但国家大事面前,个人安危又算得了什么?你若决定进谏,我必全力支持你。"

于是,贾逵与杨修及另外两位主簿联名上书,陈述雨季行军的弊端。曹操阅后大怒,特别是得知贾逵首倡此议后,更是怒不可遏,下令将其投入大牢。

消息传来,杨修心急如焚,他深知贾逵的忠诚与无辜。他立刻找到丞相府的谋士荀攸,恳求其出手相助。

"公达先生(荀攸字公达),梁道兄一心为国,此次进谏实乃出于公心,望先生能在丞相面前美言几句。"杨修言辞恳切,眼中满是焦急。

荀攸沉吟片刻,点头道:"德祖言之有理,梁道之忠勇,我亦深知。我会在丞相面前据理力争，但此事还需丞相自己决断。"

与此同时，杨修并未放弃任何一线希望。他亲自提笔，给曹操写了一封长信，信中不仅详细分析了雨季行军的危险，还深情地描述了贾逵对丞相的一片赤诚之心。

几日后，曹操终于召见了杨修。书房内，气氛凝重而紧张。

"德祖，你可知我为何召见你？"曹操的声音低沉而有力。

杨修跪拜在地，恭敬地答道："丞相召见，定是有要事相商。臣斗胆猜测，是与梁道之事有关。"

曹操微微点头，目光如炬："你可知，梁道此次进谏，已触犯了我的底线？"

杨修毫不畏惧，直言不讳："丞相明鉴，梁道进谏实乃出于公心，是为全军将士着想。雨季行军，凶险万分，望丞相三思。"

曹操闻言，沉默片刻，似乎在权衡利弊。最终，他缓缓开口："德祖之言，我已知晓。梁道虽有罪，但其心可鉴。念在他一片忠心的分儿上，我赦免他的死罪，恢复其主簿之职。"

消息传到狱中，贾逵激动不已。出狱之日，他紧紧握住杨修的手，感激涕零："德祖兄，大恩大德，没齿难忘！"

杨修微笑着摇了摇头："梁道兄言重了，你我乃挚友，何须言谢？"

第六章 文韬武略 争与交好

第三节 推心置腹

王凌（172—251），字彦云，太原祁县（今山西祁县）人，东汉司徒王允之侄。其叔父王允主持刺杀董卓。董卓部将李傕、郭汜等为董卓报仇，在长安杀了王允的全家。王凌和哥哥王晨当时年龄尚小，翻过城墙逃出，跑回太原。早年王凌就和司马懿的哥哥司马朗、贾逵等人结为好友，后来举孝廉出身，出任发干县（今山东冠县）县令，后因罪获刑。服刑期间，恰逢兖州刺史曹操巡察。曹操得知他是王允的侄子，又系因公犯罪，当即解除他的劳役，委其以骁骑将军主簿之职。其担任中山太守时，有治绩，后来受曹操赏识，出任丞相掾属。

王凌初来相府任职，对这里人生地不熟，为人处世还略显生涩，不过没多久，他凭借着自己的才华与不懈努力，逐渐在官场中崭露头角。一日，丞相府内花团锦簇，一场文人雅集正热闹地进行着。王凌在公务之余，也被邀请参加了此次盛会。

席间，才子佳人，诗酒唱和，气氛甚是融洽。王凌身着官服，举止间透露出沉稳与内敛，他的目光不时扫过在座的每一位宾客，心中暗自思量着如何能与这些同僚建立更深的联系。

就在这时，一阵清脆的笑声吸引了他的注意，循声望去，只见一位风度翩翩的青年正与众人谈笑风生，其言辞犀利而又不失风趣，此人正是以才情著称的杨修。王凌心中一动，早就听闻杨修不仅学识渊博，且善于交际，今日一见，果然名不虚传。

于是，王凌端起酒杯，缓缓走向杨修所在之处。"杨兄，久闻大名，今日得见，实乃三生有幸。在下王凌，愿与杨兄共饮此杯。"说着，他将酒杯拱向杨修，眼神中充满了真诚与期待。

杨修抬头，目光与王凌交汇，随即微微一笑，举杯轻声道："原来是王兄，早有耳闻王兄乃忠烈之后，今日一见，果然气宇轩昂，非同凡响。"言罢，两人一饮而尽，算是正式结识。

在随后的交谈中，王凌与杨修从诗词歌赋到天下大势，从治国理念到个人修养，无所不谈，两人惊讶地发现彼此间竟有如此多的共同语言与相同见解。王凌被杨修的才情与见识折服，而杨修也被王凌的沉稳与忠诚打动。

酒尽人散，两人攀谈意犹未尽，王凌邀请杨修到他府邸一叙。二人转入王府书房。

王凌的书房，坐落于府邸的一隅，静谧而雅致，仿佛是与外界喧嚣隔绝的一片净土。书房外，几株翠竹轻摇，竹叶间漏下的斑驳光影与微风中传来的淡淡竹香，为这方小天地平添了几分超脱世俗的气息。

步入书房，杨修心中为之一震。书房的布局简洁而不失格

第六章　文韬武略　争与交好

调，一张宽大的书案占据了房间的中心位置，书案上摆放着几件古朴的摆件，每一件都透露出不凡的品味与历史的沉淀。书案后的墙壁上，挂着一幅淡雅的山水画，远山近水，云雾缭绕，仿佛能让人瞬间忘却尘世的烦恼，沉醉于山水之间。书房的窗棂雕花精致，透过半开的窗，可以隐约看到外面的景致。

杨修暗自猜想，在这个书房里，王凌不仅处理政务、研读经典，也许还常常与志同道合的朋友相聚，共话天下大事，探讨治国理政之道。

王凌与杨修围绕书桌屈膝而坐，书房的烛光摇曳，映照出两人凝重的面容。

王凌："德祖，近年来天下局势动荡不安，丞相虽已攻取汉中，但益州刘备势力日益壮大，孙权在江东亦是虎视眈眈。这天下，何时才能安定？"

杨修："天下大势，分久必合，合久必分。丞相虽雄才大略，但连年征战，我方已显疲惫。刘备虽地处偏远，但有诸葛亮等贤臣辅佐，民心归附，其势不可小觑。至于孙权，他据守江东，水师强盛，亦是我们当前的一大劲敌。"

王凌："丞相攻取汉中后，为何没有继续追击刘备？难道他真的满足于现状了吗？"

杨修："曹公岂是知足之人？他止步不前，实乃深谋远虑。

汉中虽得，但蜀地险峻，易守难攻。加之曹公年事已高，需稳固后方，治理新占之地。再者，孙刘联盟虽时有矛盾，但在共同抗曹的需要下，他们仍有可能联手。我们不得不防啊。"

王凌："德祖所言甚是。只是在这乱世之中，我等身为臣子，该如何自处呢？是随波逐流，还是力挽狂澜？"

杨修："力挽狂澜，谈何容易？但求无愧于心，尽人事，听天命。我观曹公诸子，各有千秋，未来储位之争，恐怕又是一场腥风血雨。你我身为臣子，当尽心辅佐，至于结果如何，非人力所能及也。"

王凌："德祖之言，令我深受启发。无论时局如何变迁，不负所学，拥我政权长盛不衰。"

杨修："彦云兄，你我同在相府任职，同为丞相办事，当共同进退。只要我们齐心协力，定能为这乱世带来一丝希望。至于未来，我虽预测不出所有细节，但有几件事几乎是板上钉钉。不出数年，曹公必会加封为王，进一步巩固其在北方的统治地位。而刘备与孙权，也将各自稳固其势力范围，形成三国鼎立的局面。"

第六章 文韬武略 争与交好

第四节 人生知己

　　杨修身居丞相主簿之要职，才华横溢，智谋无双。他不仅学识渊博，见解独到，更以敏锐的洞察力和超凡的应变能力著称。在丞相府政治、军事事务处理上，他游刃有余，屡献奇策，深受丞相曹操信赖。其言辞犀利，常能一语中的，令人叹服。杨修以他的才情与智慧，在曹魏政权中成为众人瞩目的焦点。因此，无论是曹丕还是曹植，皆视其为良师益友，争相与之交好。

　　曹植作为曹操的爱子，不仅继承了父亲的文学天赋，更怀揣着对权力的渴望和对未来的憧憬。他深知，在这乱世之中，仅凭一己之力难以成就大业，必须借助外力，方能在这权力的游戏中站稳脚跟。因此，当杨修的名字传入他的耳中时，他立刻意识到，这位才子或许就是他一直在寻找的助力。

　　实际上，曹植早在月旦评与衣带诏事件中就对杨修的才华有所耳闻，只是那时他还小，还没有走入官场社交圈。当杨修入职丞相府历经数年历练升任主簿时，相府内外无人不知杨修大名，此时的曹植已经年近20岁了。于是，曹植决定采取行动，利用自己的地位和影响力，向杨修抛出橄榄枝。他精心策划了一场宴会，邀请了朝中众多文臣武将，而杨修自然是其中的主角。宴会上，曹植以主人的身份，热情地向杨修敬酒，言辞之间，流露出对杨修才华的深深赏识和对未来的期许。

"德祖兄，吾闻君之才，如春日之花，绚烂夺目。今日得见，实乃吾之大幸。吾欲与兄共谋大事，不知兄意下如何？"曹植的话语中，既有对杨修的真诚邀请，也暗含着对未来的无限憧憬。

杨修闻言，心中暗自思量。他深知曹植的意图，也明白自己在这场权力游戏中的位置。然而，面对曹植的真诚和热情，他感受到了前所未有的尊重和信任。于是，他微笑着回应道："曹公子，君之才情，吾亦早有耳闻。今日得蒙厚爱，实乃吾之荣幸。"

两人一见如故，相谈甚欢，从诗词歌赋谈到国家大事，彼此仿佛有说不完的话题。曹植更是被杨修的博学多才与深刻见解所折服，心中暗自决定，要与这位才子深交。

是夜，月华如练，曹植难掩心中激动，提笔书就一封书信，字里行间洋溢着对杨修才华的仰慕与想要与其结交之意。次日，书信送至杨修手中，他细细品读，心中涌起一股暖流。杨修深知曹植之才，亦感其真诚，遂回信。

就这样，曹植与杨修在宴会上结下了不解之缘。从此，他们开始频繁地交往，探讨文学艺术，交流对时政的看法。杨修的智慧和才能，为曹植的政治之路增添了无尽的助力；而曹植的真诚和热情，也让杨修感受到了前所未有的归属感和使命感。

第六章　文韬武略　争与交好

曹植在与杨修的密切交往中，文采增益不少，政治交际与政务活动处理能力更是提升了一大截。曹操也对曹植赞许有加。建安十六年（211），曹植被封为平原侯。建安十九年（214），又被封为临菑（淄）侯。

曹植虽已封侯，但对杨修依然是礼遇有加，双方书信往来也没有中断过。其中《与杨德祖书》为后人所称道。

《与杨德祖书》是曹植整理早年所作的辞赋，送给好友杨修阅览时附寄的一封信。此信写于建安二十一年（216），为送上辞赋的附言，本可以寥寥数语即交代清楚请托之事，但由于对方是与自己志趣相投的知己，又是才博思颖、"高视上京"的文家，所以信中即兴挥翰，论文言志，洋洋洒洒，纵论时人得失，略无拘忌，将心中抱负和盘托出。

当那封承载着曹植深情厚谊与殷切期望的《与杨德祖书》缓缓展现在杨修面前时，他正独自坐在书房的窗前，夕阳的余晖透过窗户，洒在他那专注而俊朗的面庞上，为这一刻增添了几分温暖与庄重。

杨修轻轻展开书信，曹植那流畅而有力的字迹跃然绢帛之上，字里行间透露出对杨修才华的极高赞誉以及对未来共同理想的热切期望。随着阅读的深入，杨修的眼神逐渐亮起，嘴角不自觉地上扬，那是一种被真正理解和赏识的喜悦，也是对未来合作的无限憧憬。他的心中涌起一股暖流，仿佛在这乱世之中，终于找到了一位能够并肩作战、心灵相通的伙伴。曹植的真诚与热情，如同春日里的暖阳，穿透了杨修心中的防线，让他感受到了前所未有的信任与尊重。杨修也意识到，这不仅仅是一封简单的书信，更是一份沉甸甸的责任。曹植作为曹操的爱子，这封书信背后的政治意义不言而喻。杨修深知，自己的选择将直接影响到未来的政治格局以及他们两人的命运。因此，在欣喜之余，杨修也感到了一丝压力。他明白，自己必须更加谨慎地行事，用智慧和才能去辅佐曹植，共同实现他们的理想与抱负。

当杨修合上书信，他的眼神变得坚定。他知道，从这一刻起，他与曹植的命运已经紧紧相连，他们将携手共进，在这乱世之中书写属于他们的传奇篇章。随即，杨修提笔蘸墨，思绪如泉涌，开始回信。他的字迹清秀而有力，每一笔都蕴含着深思熟虑后的真诚与期待。

"不侍数日，若弥年载，岂独爱顾之隆，使系仰之情深邪！损辱来命，蔚矣其文。诵读反覆，虽讽《雅》《颂》，不复过也。若仲宣之擅江表，陈氏之跨冀域，徐、刘之显青、豫，应生之发魏国，斯皆然矣。至如修者，听采风声，仰德不暇，目周章于省览，何惶骇于高视哉？

伏惟君侯，少长贵盛，体旦、发之质，有圣善之教。远近观

第六章　文韬武略　争与交好

者，徒谓能宣昭懿德，光赞大业而已，不谓复能兼览传记，留思文章。今乃含王超陈，度越数子；观者骇视而拭目，听者倾首而耸耳。非夫体通性达，受之自然，其谁能至于此乎？又尝亲见执事握牍持笔，有所造作，若成诵在心，借书于手，曾不斯须少留思虑。仲尼日月，无得逾焉。脩之仰望，殆如此矣。是以对鹖而辞，作《暑赋》弥日而不献。见西施之容，归憎其貌者也。

伏想执事不知其然，猥受顾赐，教使刊定。《春秋》之成，莫能损益。《吕氏》《淮南》，字直千金，然而弟子钳口，市人拱手者，圣贤卓荦，固所以殊绝凡庸也。今之赋颂，古诗之流，不更孔公，风雅无别耳。修家子云，老不晓事，强著一书，悔其少作。若此，仲山、周旦之徒，为皆有愆乎！群侯忘圣贤之显迹，述鄙宗之过言，窃以为未之思也。

若乃不忘经国之大美，流千载之英声，铭功景钟，书名竹帛。此自雅量素所蓄也。岂与文章相妨害哉？辄受所惠，窃备矇瞍诵歌而已。敢望惠施，以忝庄氏！季绪琐琐，何足以云。"（载于《三国志·魏志·曹植传》（注引《典略》）

大意为："几天没有陪您，就好像已过了一年了。难道是因为您对我的眷爱顾念之厚，让我对您的思慕敬仰之情变深了吗！您不惜贬抑身份赠我赋文，它们辞采华茂，反复诵读，即使是讽诵雅、颂，也不能超过这些。像王粲在荆州享有名声，陈琳在冀州文章独步，徐干、刘桢在青州、豫州显扬文采，应场在大魏得志扬名，这些都说对了。至于杨修我，观采风俗教化，（尚且）来不及仰慕德行，自是徘徊于观览审阅，怎么有空在洛阳傲视群雄呢？

想到君侯，从小到大高贵显赫，怀有姬发、姬旦的资质，得到父亲、母亲的教导。而看远代近世的君侯们，只可说是能发扬美德，光辅大业罢了，不可再说他们还能遍览文章，留心写作。如今君侯竟能包纳王粲的水准，超过陈琳的文笔，逾越这数位文人了。您的文章让看官都惊讶地擦亮眼睛，让听者都仰起头竖起耳朵。若不是拥有那通达的品性，秉受于自然，谁又能达到这种境界呢？我又曾亲眼见君侯拿着木简握着毛笔有所创作，就像是在心中背熟了，借助手书写出来，连片刻也不曾稍稍停下来思索。好比日月般的仲尼，没有人能超越他，杨修对您的仰望之情，大概像这样了。因此我面对鹖鸟而推辞作赋，写完《暑赋》整日都没奉上，是因为见到了西施的容貌，回家修饰仪容去了。

想必君侯没有看透我的真实水平，就令我蒙羞受到眷顾赐命，让我修改删定您的文章。《春秋》写成后，没人能增删一字；《吕氏春秋》和《淮南子》，一字价值千金。然而孔子的弟子闭口不言，市井的百姓束手无策，自然是圣贤英才从平庸者中脱颖而出的原因。如今的赋体和颂体，是古诗的流变，只是未曾经过孔

第六章　文韬武略　争与交好

子的删定,《风》和《雅》还没有被区别开来罢了。我杨家那位子云,老来不明达事理,勉强写成一部书,说后悔写了他年轻时的作品。像这样的话仲山父、周公旦之类的人,是都有罪过了吗!君侯忘了圣贤的美善事迹,而叙述鄙宗的错误言论,私下认为您还没有好好思考这个问题。

至于不忘树立治国的大德,流下千载的美名,在景钟上铭刻功勋,在竹帛上书写名字,这些都源于平日所积蓄的宏大气度,怎么会与写作文章相妨害呢?总是承蒙您的恩惠,可私下只具备盲人奏工那样诵读吟咏的能力罢了,岂敢奢望做那惠子,以忝列庄子之俦。刘季绪这鄙陋之辈,又哪里值得提起他?"

杨修在回信《答临淄侯笺》中,洋洋洒洒地表达了对曹植无限的敬仰之情,认为曹植的才华和地位超越了同时代的许多文人。杨修通过这些赞美之词,表明了曹植在他心中的崇高地位。接着,杨修还提到了自己与曹植的交往,表示自己能够亲眼见到曹植的创作过程,感到非常荣幸。他用"仲尼日月"作比,形容曹植的才华如同日月般耀眼,而自己对曹植的敬仰之情则如同凡人仰望日月,既敬畏又向往。杨修还通过比喻"见西施之容,归增其貌者",来形容曹植的才华如同西施之美,让人看了之后自感不足,同时也暗示了曹植在杨修心中的美好形象。总的来说,《答临淄侯笺》通过杨修对曹植的赞美和敬仰,展现了曹植在当时文坛上的重要地位和高尚品格，同时也反映了杨修对文学和友情的重视。

曹植与杨修的交往是东汉末年文坛上的一段佳话。他们之间的文学交流和政治谋划不仅促进了建安文坛的繁荣和发展，也对历史的进程产生了深远的影响。同时，两人的真诚坦率和志趣相投也使得他们的交往成为一段传颂千古的佳话。

第五节　重惠厚意

曹植积极争取杨修，使其为己所用，曹丕自然不甘落后。两人同为曹操的儿子，但在性格上有着显著的差异，这些差异在很大程度上影响了他们的人生轨迹和最终的命运，当然同样也影响着他们与杨修交往的方式与结果。

曹植的性格特点表现为：在文学上具有极高的天赋，他的诗作文采飞扬，字词中透露出壮志报国的傲骨；性格内敛，不善权谋，缺乏政治斗争经验；在为人处世方面有些任性，不加约束，有时显得胆大妄为。

曹丕的性格特点主要体现在以下几个方面：

一是权谋心重。曹丕在政治斗争中表现出极深的心计和极高的谋略，善于利用各种手段巩固自己的地位。他为了权力可以隐

第六章 文韬武略 争与交好

忍,甚至不惜牺牲亲情。

二是性格刚烈。曹丕性格刚烈,心狠手辣,他为了继承王位,不惜陷害弟弟曹彰、曹植。《世说新语》中记载,魏文帝曹丕猜忌他的弟弟任城王曹彰勇猛刚强,趁在卞太后的房间里与曹彰一起下围棋并吃枣的机会,把毒药放在枣蒂里,自己挑那些没下毒的吃;任城王没有察觉,就把有毒的、没毒的混着吃了。中毒以后,卞太后要找水来解救曹彰,可是文帝事先命令手下的人把装水的瓶罐都打碎了,卞太后匆忙间光着脚赶到井边,却没有东西打水,不久任城王就死了。魏文帝又要害死东阿王,卞太后说:"你已经害死了我的任城王,不能再害我的东阿王了!"

三是精明能干。曹丕在政治和军事方面都有出色的表现,具有很强的领导能力和治国才能。

四是文学造诣。虽然曹丕在文学方面不如曹植,但他也有一定的文学造诣,他的作品语言绮丽工练、抒情深婉细腻,形成了纤丽清新的风格。

更可贵的是,与曹植不喜朝政专爱舞文弄墨不同,曹丕爱好习武,从他撰写的《典论·自序》中便可见一斑:

> 余时年五岁,上以世方扰乱,教余学射,六岁而知射,又教余骑马,八岁而知骑射矣。以时之多故,每

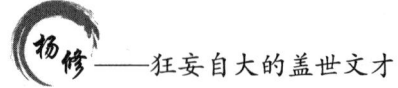

征,余常从。

曹丕6岁学箭,8岁骑马,10岁跟随曹操左右南征北战,熟谙军国大事,自然与相府"总知外内"的主簿杨修多有交集。由于两人交往的史料极少遗存下来,目前只能根据遗存的只言片语推测两人之间的往来关系。

在曹丕与友人的交往书信中,有一篇《答杨修书》残篇,原书有目无文,只根据《太平御览》辑出两句:"重惠琉璃厄,昭厚意。"

"重惠"指的是礼物非常贵重,"琉璃厄"是一种珍贵的器皿(应该是琉璃酒杯),而"昭厚意"则表明通过赠送这样的礼物,彰显了对方的深厚情意。因此,从曹丕《答杨修书》的残句中可知,之前杨修赠送给曹丕一盏举世稀有的"琉璃厄",而曹丕非常喜欢这份珍贵的礼物,并随即修书给杨修,答谢杨修赠予"琉璃厄"的深情厚谊。

可惜短短两句,无法了解双方书信交往的更多细节。但可以肯定的是,此非二人唯一一次交往,否则这短短两句不会在历史的长河中留下如此深刻的印记,引人遐想。曹丕与杨修,作为曹魏政权初期的两位杰出才俊,他们的交往定非仅限于这一盏琉璃厄。或许,在朝堂之上,他们曾就国事展开激烈的辩论,各抒己

第六章　文韬武略　争与交好

见，虽时有分歧，却相互敬重；在文宴雅集之时，他们更可能联袂挥毫，诗词唱和，共赏风月，展现了文人墨客间独有的风雅与情意。

杨修以敏锐的才思和过人的智慧，在曹魏政权中崭露头角，而曹丕作为未来的帝王，对这样的人才自然也是青睐有加。两人的交往，或许还涉及更多对治国理念、文学创作的深入探讨，以及生活中不为人知的趣事。

然而，历史的洪流往往掩盖了许多细节，让后人只能通过只言片语去拼凑那些逝去的时光。但可以想象，曹丕与杨修之间的交往，定是一段充满智慧碰撞、情感交融的佳话。他们的书信往来，或许还记录了更多关于文学、军事，甚至是对未来政治格局的预见与忧虑。这些珍贵的文字，虽已散佚于时间的长河之中，但那份跨越千年的情意与智慧，却依然能够触动人心，引人深思。

因此，即便《答杨修书》仅存残篇，我们仍能从这简短的文字中，感受到曹丕与杨修之间深厚的情意与相互欣赏之情。这也正是历史的魅力所在，它总能以某种方式，让我们跨越时空的界限，与古人进行一场心灵的对话。

第七章
小施捷悟　揣度人心

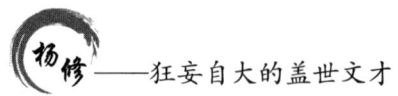
杨修——狂妄自大的盖世文才

第一节 众伏辩悟

建安十二年（207）夏秋之际，正值雨水丰沛，曹军行军道路地势低洼，泥泞阻塞，交通不畅。在曹军大营中，曹操正坐几案前，眉头紧锁，手中把玩着一堆竹片，这些竹片长短不一，却都光洁坚韧，显然是上好的材料。曹操此次出征，大军已整装待发，然而在整理行装的过程中，他意外发现仓库中还剩下数十斛这样的竹片，每一片都长数寸，却不知如何利用。

曹操心中一动，他记得自己曾想过将这些竹片制成竹盾，用以防御，但那只是一闪而过的念头，并未深思。如今，他想要验证这个想法是否可行，却又不想在众人面前显得过于随意，于是他决定先试探一下。于是，他询问左右，众人皆认为这些竹片太小，不适合使用，建议将其烧掉。

曹操默而不语，站起身走到书房门口，大声唤道："来人，宣主簿杨德祖进见。"

不一会儿，杨修匆匆走进书房，见到曹操，立刻行礼道："主公有何吩咐？"

曹操指着桌上的竹片，沉声道："德祖，你看这些竹片，有何妙用？"

第七章 小施捷悟 揣度人心

杨修略一沉吟,目光扫过那些竹片,随即眼中闪过一丝亮光,他答道:"主公,这些竹片虽长数寸,但质地坚韧,若加以巧妙利用,定有大用。"

曹操微微一笑,心中暗喜,他正想听听杨修的具体意见,便问道:"德祖以为,该如何利用?"

杨德祖不假思索,答道:"主公,这些竹片可制成竹盾,用以防御敌军的箭矢。虽不及铁甲坚不可摧,但以竹片之轻便,足以让士兵在战场上更加灵活。"

曹操闻言,心中大喜,这正是他想要的结果。他故意问道:"德祖,你如何知道我心中也有此想法?"

杨修微微一笑,答道:"主公英明神武,自然能想到这些。微臣不过是顺水推舟,为主公献上一策。"

曹操哈哈大笑,拍案叫绝:"好,德祖,你真是个妙人!"

尔后,曹操率大军亲征,一路艰苦跋涉,在白狼山与三郡乌桓大军仓促相遇。曹操的阵形被拉得很长,而三郡乌桓也是阵容不整。在双方阵列都比较杂乱的情况下,张辽等人凭借悍勇的气势一举击溃三郡乌桓,消灭了大量的乌桓士兵,继而向西攻克三郡乌桓的大本营柳城。袁熙、袁尚逃奔到辽东公孙康处。袁熙、袁尚本想杀死公孙康从而吞并辽东的势力,不料反被公孙康所杀,首级被送到曹操那里。自此之后,袁氏的影响力才彻底在河

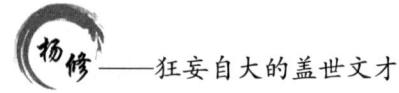

北地区消失。

第二节 绝妙好辞

建安十六年（211）前后，曹操征讨渭南的路上。

曹操的大军绵延数里，在野外官道上整齐前进。前方道路左侧，出现一亭，亭中竖立一块石碑，上面有三个字"曹娥碑"。曹操停马立住："原来这便是闻名遐迩的曹娥碑……"说罢抬手示意停止行进，翻身下马。杨修等人也跟着下马，进亭细看。曹操从碑的正面走到背面，只见碑上刻着几个字，他轻声道："黄绢、幼妇、外孙、齑臼……蔡邕题这几个字是何意？"他转头向杨修等人问道："诸公解否？"

杨修含笑点头："臣已解。"其余诸人，包括郭嘉和曹丕在内，纷纷摇头。

曹操笑着看向杨修："卿此时不可言，待孤思之。"他思索着回到马边，翻身上马，诸谋臣武将也都上马。曹操边走边潜心思索，他抬头望望天色："这会儿走出多少里了？"

曹丕道："回禀父亲，约走了30里。"

"那八字的意思，孤已经猜出，德祖请讲给诸公听吧！"

杨修得意含笑道："黄绢，色丝也，合起来是个'绝'字；

第七章 小施捷悟 揣度人心

幼妇,少女也,合起来是个'妙'字;外孙,女之子也,合起来是个'好'字;齑臼,受辛也,合起来是个'舜'(古同'辞')字。此蔡邕所谓'绝妙好辞'也!"

众人恍然大悟,曹操哈哈大笑。

郭嘉赞道:"杨公子果然高才。"

曹操亦笑:"他的才思,比孤快出30里呀!"

杨修拱手道:"隐语猜谜,游戏小道耳,不足为奇。"

曹操忽然想起一事:"杨公子,你擅解隐语,能解梦否?"

杨修答:"臣亦喜读《周易》,略知一二。"

曹操问道:"孤夜来做一梦,梦中见三马同槽而食,该作何解啊?"

杨修答:"所谓夜有所梦,日必应焉。三马同槽,曹也,必暗指司空。而三马,当指三人中有姓马之人。同食一槽,乃蚕食吞占之意。臣依梦解之,此三马者将危司空基业。"

曹操喃喃:"三马……"

杨修借机提醒他:"司马也是马……"

曹操却忽而一摆手:"好了!夜梦之事,子虚乌有,不足为外人道也!"

他加速策马向前,将杨修甩在身后。

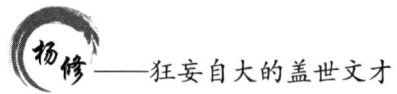
杨修——狂妄自大的盖世文才

第三节 杨修啖酪

一日,曹操正与徐庶在水边漫步。曹操腰佩长剑,许褚跟在他后边。徐庶自到曹营,对一切政务缄口不语,大约是曹冲年少可爱,他唯一愿意做的事,便是教导小曹冲念书。曹操也就不再勉强他参政,只当为爱子得一位好先生。

曹操问道:"冲儿的功课如何了?"

徐庶回答:"小公子聪哲早慧,勤勉刻苦,心智远超同龄少年。"

曹操接着说:"孤对冲儿寄予厚望,元直有经天纬地之才,要悉心教导啊。"

徐庶躬身:"臣不敢不尽心竭力。"

徐庶有这样的态度,已经分外难得了,曹操赞许地点头,对身旁的宦官道:"将早上塞北进贡的那盒酥拿给先生,带回去和冲儿分食。"

宦官犹豫地回禀:"回丞相……那盒酥放在堂上,今早杨主簿和三公子来,杨公子看到酥后就拿走了……"

曹操一怔,脸上浮现怒色:"胆子越来越大了。走,去子建府上看看。"

第七章 小施捷悟 揣度人心

徐庶劝阻:"丞相,一盒酥而已……"

曹操道:"元直就不用去了。"

徐庶向许褚使了个眼色,许褚立刻醒悟,上前拿下曹操的剑:"臣替丞相拿着。"

然后跟着曹操大步离去。

侍女宦官们胆怯地拿着杨修分给他们的酥,杨修自己也拿了一块,又给曹植递了一块。曹植犹豫道:"咱们就这么吃了,对父亲太不敬了吧。"杨修指着盒子上曹操留下的三个字道:"丞相在此写下一个'一合酥'字是什么意思?"

"一盒酥啊。"

杨修摇头笑道:"是'一人一口酥',丞相亲笔所写,便是命令,岂能不遵?"

曹植恍然大悟:"还是德祖敏锐,可是……毕竟是父亲的东西,还是不要贸然失礼的好。"

杨修不由得笑起来:"公子,您知道丞相为何喜欢您吗?"

此时曹操身着便服走到正堂外,门外的两个宦官刚要通报,曹操抬手制止了。屋内的谈话显然引起了曹操的兴趣。

曹植坦然回答:"父亲喜欢我的诗文。"

杨修补充道:"丞相喜欢的不仅是您的诗文,他是从公子的诗文中看到了公子洒脱的气度、广阔的胸襟。吃这一口酥,需要眼光和胆魄,这样的本事五官中郎将没有,您必须有。"

曹植一惊:"德祖是说,我要在父亲面前,表现得超越二哥?"

杨修追问:"公子对臣说实话,您的志向是什么?难道是做一个诗人吗?"

曹植赶忙纠正说:"当然不是,我的志向乃是学父亲,勠力上国,流惠下民,建永世之业,流金石之功!"

杨修情绪激昂起来:"好一个勠力上国,流惠下民!可是这样的功业,仅仅一个相府公子,是无法实现的。"

曹植有些疑惑:"可是……"

杨修开始表露心迹:"臣不妨明说了吧,丞相平定河北之前,您与二公子的比较争斗,还不曾明朗。如今丞相一统北方威震天下,这样的功业是需要人继承的。丞相最爱的儿子,只在您与曹冲公子之间,臣愿意助公子一臂之力。"

曹植更加疑惑:"可我们毕竟都是幼子,二哥才是长子啊!"

杨修解惑:"有嫡立嫡,无嫡立长,这是中郎将的优势,也是他的弱点。支持嫡长正统之论的,多是迂腐老臣,被他们环绕掣肘,中郎将还能继承丞相的大志吗?"

曹植道:"父亲对这些中正老臣不也多有倚重吗?"

杨修继续解惑:"倚重是为了稳定局势,但丞相早就明白,

第七章　小施捷悟　揣度人心

汉室的根基、汉室的制度早就烂透了，乱世需要的是大破大立。要救天下，必须重建一种新的制度，开启一个新的时代。"

曹植恍然大悟道："德祖，我现在理解你的志向了，也明白父亲为什么欣赏你了。"

杨修眼圈一红，真切地望着曹植："为公子，为自己，都希望公子能继承丞相的志气和豪迈，让天下人看看，我们真正的志向和作为是什么。臣愿意以性命成就公子，也希望将来公子有机会，能够成全臣。"

杨修说罢向曹植深鞠一躬，曹植忙扶起杨修："你我是知己，自然携手同行。"

话音刚落，身后的婢女和宦官双膝一软跪了下来："丞……丞相……"

众人纷纷跪下，曹植和杨修也大惊，起身行礼。

曹操沉默地走近二人，二人躬身不敢言语，他的目光落在案上，食盒中还有一块酥。曹操抬头，目光尖锐地望了杨修一眼，又看到一个婢女嘴角沾着残渣。许褚不禁把曹操的剑向身后藏了藏，不安地看着他。

曹操问道："看来都吃了，有没吃的吗？"

众人面面相觑，战战兢兢又不敢欺瞒，刚进来的那两个宦官一齐回答："奴婢没有……"

曹操拿起酥走到二人面前，将酥掰成两半拿给他们："拿着。"

两个宦官愕然接过。曹操又把盒子里的残渣往掌心倒了倒，仰头一口吃下："一人一口酥嘛！"

曹植和杨修松了口气，惊喜地对视一眼，曹植笑："多谢父亲！"

曹操轻轻地拍了拍杨修的肩："好好辅佐孤的儿子。"随即转身而去。

杨修振奋地答道："是！"

第四节　德祖改门

建安二十一年（216），曹操经过南征北战，其势力压群雄，汉献帝识趣，遂册封曹操为魏王，食邑3万户，位在诸侯王之上。此时，曹操在名义上虽非天子，但实际已经有天子之实。

在这种情况下，众大臣纷纷奏请曹操建立新的王宫，献帝钦点，众人追捧，魏王曹操的王宫很快就落成了。

一日，天还未亮，官员们三三两两聚集在新王宫外闲聊。王宫大门紧闭，门环上系着红绸，显然还在等着这座王宫的主人——魏王曹操。曹丕来得很早，站在最前方，目光一一扫过众人，这时鼓乐之声响起，乐队仪仗引导着魏王的戎辂缓缓行来。

第七章　小施捷悟　揣度人心

曹操高坐在戎辂之上，百官在曹丕的带领下分跪两侧："恭迎魏王，大王千秋无期！"曹操摆摆手，示意百官起来，打量着王宫慢慢下了戎辂。曹丕上前躬身："父王，这座王宫乃是天子敕造，儿臣督工，今日开府，请父王入宫检阅。"

曹操打量着巍峨的王宫道："拿笔来！"一名校尉捧着笔砚匆匆跑来，跪下高举。曹操濡了墨，大步上前，在门上写了一个大大的"活"字。百官不解地看着那个字，窃窃私语："什么意思？"只有杨修稍一蹙眉，便眼前一亮，一副了然于胸的样子。

曹操转头望向百官，看到荀攸在，荀彧却不在，轻声问："荀令君没有来？"

荀攸惶恐地回答："叔叔来邺城之后，旅途劳顿偶感风寒……"

曹操会心一笑，明白了荀彧称病背后的抗拒之意："孤让府上的医官去看看。"

此时杨修坦然出列："府门可拆矣！"曹丕最厌烦杨修的卖弄。这种厌烦暗含着自己不能及的嫉妒，他不悦地皱起眉头。

荀攸诧异："杨主簿，府门有何不妥啊？"

杨修笑答："活字写于门内，岂不是一个'阔'字？丞相之意，乃是嫌府门太阔，岂不要拆了重建？"

曹操凝视杨修半晌，忽然大笑："主簿才思敏捷，只怕当世

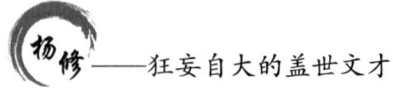

无人能敌!"

第五节 预敕答教

杨修的聪明才智在曹府上下无人不知,无人不晓。他身为曹操的主簿,每日处理着府中内外公事,然而在他眼中,这些公文如同儿戏,根本不需耗费多少心神。于是,他常常趁着上班时间,溜出府门,与好友吟诗作赋,把酒言欢。

一日,杨修又想出了一个新花样。他提前算好了曹操当日会问的问题,并一一拟好了答案。这些问题并非寻常小事,而是关乎军国大计。以下是杨修事先拟好的问题及回答:

问:近日北方边疆频繁有敌军骚扰,我军该如何应对?

答:主公,边疆之事,宜采取以守势为主,以攻势为辅的策略。首先,加强边疆防御,加固城池,增设烽火台,确保敌军无法轻易突破。其次,暗中派遣精锐部队,潜入敌后,扰乱敌军后勤,使其疲于应对。最后,待敌军疲惫不堪时,再发动总攻,一举将其击溃。

问:近日朝中有人暗中结党营私,意图谋反,我该如何处理?

答:主公,此等乱臣贼子,必须严加惩处。首先,暗中调查,搜集证据,确保证据确凿。其次,公开审理,让朝中百官见

第七章　小施捷悟　揣度人心

证其罪行。最后，依法严惩，以儆效尤，维护朝纲。

问：近日粮草供应紧张，我军如何确保粮草充足，以支持长期作战？

答：主公，粮草供应至关重要，必须确保。首先，加强粮草储备，增设粮仓，确保粮草充足。其次，开辟新的粮道，确保粮草运输畅通。最后，鼓励民间捐献，调动各方力量，共同保障粮草供应。

杨修将这些问题及答案一一写在纸上，放在办公桌上。他对手下人说："待会儿曹公若派人问事，问第一个问题的时候，你把这张纸拿去；问第二个问题的时候，把这张纸拿去；问第三个问题的时候，把这张纸拿去。"

曹操果然如杨修所料，来到府上询问。手下人按照杨修的吩咐，依次呈上答案。曹操一一审阅，对杨修的才智赞叹不已。

这一天，杨修又早早地离开了府邸，留下了一沓沓写满答案的字条在桌上。他早已算好，曹操今日会问些什么问题，并提前将这些答案一一准备好，交给手下人，吩咐道："曹公若来问话，你就按照这个顺序，依次呈上答案。"

手下人一一记下，心中暗自佩服杨修的先见之明。杨修则悠然自得地溜出了府，与好友畅谈诗词，把酒言欢。

然而，天有不测风云。一日，杨修如往常一样，交代好手下后，溜出府衙。不料，天公不作美，刮起了大风，将那些字条吹得到处都是。手下人捡回后，忘了原先的顺序。

不料曹操竟不知何时来到了府中亲自来找杨修，见杨修的座位上空无一人，心中疑惑，便询问手下："杨修人呢？"手下战战兢兢地回答："回禀曹公，杨主簿外出游玩了。"曹操随口询问了几个问题，结果下人答非所问。

曹操见桌上散落着一张张字条，上面写满了字。曹操便拿起一张，只见上面写着："曹公问：近几日天气如何？"

曹操心中暗笑，原来杨修早已料到他会问这个问题。他继续拿起第二张字条，上面写着："曹公问：府中事务处理得如何？"

曹操心中一惊，杨修果然料事如神。他正准备拿起第三张字条，却见手下人"扑通"跪在地上说："曹公，杨主簿他……他……"

曹操心中一紧，忙问："杨修怎么了？"

手下人结结巴巴地说："曹公，那些字条……那些字条……"

曹操心中一沉，拿起第三张字条，只见上面写着："曹公问：府中粮食储备如何？"

曹操脸色铁青，将字条扔在地上，怒火中烧，下令将杨修召回。

杨修闻声而来，见曹操脸色不善，心中一惊，忙跪下请罪：

第七章　小施捷悟　揣度人心

"曹公，我……我……"

曹操冷笑一声，怒斥道："杨修，你这是何意？"指着地上散落的字条说："你这些答案，都是事先准备好的吧？你以为这样就能对付我？"

杨修无奈，只得老实交代。曹操听后，既惊讶又气愤，感叹道："德祖啊德祖，你聪明反被聪明误，人算不如天算！"

从此，杨修再不敢如此行事，而是专心致志地处理公事，但是曹操也因此对他心生忌恨，埋下了日后杨修不幸的种子。

第八章
劫数难逃　身陷囹圄

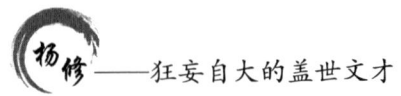
杨修——狂妄自大的盖世文才

第一节　立嗣之争

自从曹操从司空之位一步步荣升至魏王，距天子之位仅一步之遥。曹丕与曹植的斗争也已经愈加白热化。在斗争漩涡中的两个兄弟皆是身心疲惫，焦虑不安。

曹丕向来都是按部就班地按曹操的意志行事，他不知道自己什么地方做错了，以至于曹操迟迟不立他为太子。当他守邺时，曹操命他凡事请教张范和邴原，他无不遵嘱照办。曹操又让他礼敬荀攸，他在荀攸生病时，专门去探望，独自拜在荀攸的床下。即使是不久前被曹操赐死的荀彧，他也一直很尊敬。没想到荀彧的儿子荀恽现在倒是跟曹植走得很近。

事情变化之快，超乎想象。他开始觉察到某些人态度的变化，比如孔桂原来对他很殷勤，现在却对他爱搭不理，忙着跟曹植套近乎。曹丕第一次感受到世态炎凉。还有丁仪，自己只不过是建议曹操将清河公主嫁给夏侯惇的儿子夏侯楙，导致清河公主最终没有嫁给他，他就怀恨在心，明里暗里跟自己过不去，还老在曹操面前说子建的好话，这丁仪真是太可恨了！

曹丕越想越觉得很委屈。本来他就是理所当然的接班人，他是五官中郎将，是副丞相，何况他还是长子。

第八章　劫数难逃　身陷囹圄

父亲当上魏公，这意味着立储之事近了，可是父亲的心似乎对他日益疏远。曹丕觉得自己就像一个失宠的女子，期待着丈夫回心转意。对于未来，他越发感到渺茫，他甚至不知道要怎么办。虽然还有不少人对他甚为恭敬，但是真正能与他说贴心话的却不多。还好有一个郭氏。这个歌伎出身的女人不仅有颜有谋，现在看来还有义。自从郭氏来后，甄氏早就不跟他一条心了。郭氏在他最困难的时候鼓励他，劝他要隐忍，不时为他出谋划策，上下斡旋。为报答郭氏，曹丕答应大事若成，将来立她为后。

除了郭氏，司马懿时而也给他出点主意。他的铁哥们儿吴质，心更是向着他。但是吴质还在朝歌任职，不像杨修、丁仪都在朝，正得曹操的信任和重用。这样下去，形势不妙啊！曹丕不禁长叹一口气。

曹丕正在犯愁，恰好吴质到邺都来述职。

曹丕宴请吴质，让曹真、曹休作陪。酒酣之时，曹丕命郭氏出来见他的铁哥们儿。也许是为了消除几年前甄氏出见、众人不敢仰视的顾虑，曹丕特意附着吴质的耳朵说："哥们儿，抬着头看她，没事儿？"

宴罢，曹丕专门找吴质密谈，说到自己的苦衷。两人商议决定先将吴质从朝歌调回邺都。曹丕不便出面处理此事，上次他向毛玠要求安插自己的亲眷，就遭到拒绝。现在父亲大概只听得进子建的话。吴质说他去找临菑侯说这件事,让曹丕装作不知。

吴质刚走不久,曹丕突然接到一道急令,父亲命他第二天一早火速出城去办一件要事。曹丕甚感欣慰。天方蒙蒙亮,他急忙佩上宝剑,策马直趋城门。没想到守城的卫士横着刀戟,无论如何都不准他出门,并说魏公有令任何人不许出城,违者当斩。曹丕想起那次闯铜雀台的教训,只好悻悻往回走。

当曹丕垂头丧气回去时,曹植也接到类似的命令,他赶紧请教杨修应当怎么办,杨修送给他一个字:"斩!"

曹植迅速策马赶往城门,卫士依然坚决不让其出门。曹植二话不说,挥出宝剑,一道寒光闪过,一个卫士的脑袋滚落在地。其余卫士不敢阻拦,只好打开城门。曹植纵马直奔出门,不一会儿,就将事情办妥。

曹操对曹植的表现非常满意。不过,曹操心里隐隐有些疑虑:子建模样斯文,怎么下手这么狠?相比之下,子桓显得比较仁慈。

曹丕却一直为此懊恼不已。事后他才知道这是父亲的圈套,他一边命令他们去执行任务,另一边又命令守门卫士不许放任何人出城门。

接下来的事更让曹丕气索:父亲居然下令让邯郸淳当临菑侯文字侍从。邯郸淳还到处称赞子建,还在父亲面前夸奖子建。这

第八章　劫数难逃　身陷囹圄

让曹丕极为不快。

更有甚者，曹操这次竟然让曹植守邺城！以前这种事向来是曹丕做的，现在居然让曹植为之。事态越来越明朗了，曹操对曹植的宠爱已不言而喻。或许这恰是曹操不立曹丕为太子的根本原因！曹丕的心情又黯淡下去。

曹操东征，曹植守邺。众人相送于路旁，尚未离开邺都的吴质也在场。吴质善于周游在曹丕、曹植兄弟之间，与曹植关系也不错。两天前他专门去拜访曹植，不过这只是礼节性的拜访，为他的下一步动作做准备。这次，吴质不谈回邺都的事，只与曹植一起饮酒聊天。他打算过几天回到朝歌后，再写信说这件事。

出征的战鼓敲响了。曹操将曹植叫到身旁，再三叮嘱。曹植向父亲保证一定不会辜负父亲期望，同时大声念出刚构思好的《东征赋》，作为对王师的祝福。

曹植声情并茂地抒发离别之情，所有送行的人皆啧啧称奇，对曹植交口称赞。曹操很高兴，用力拍了拍曹植的肩膀。

站在一旁的曹丕，浑身都不自在，没想到父亲临行之际，会上演这一幕。正当他不知所措时，离他不远的吴质悄悄凑到他身边，对他耳语。曹丕心领神会。

出征的队伍已经出发，军旗飘扬，马鸣萧萧。曹操纵身跃上战马，放开马缰，就要出发。突然，曹丕向前冲去，跪在地上，泪下如雨，泣不成声。所有送行的人都被眼前的情景惊呆了，有人甚至感动得流下泪水。

曹操的马匹如离弦之箭，瞬间飞奔远去，身后留下一片窃窃私语。有人说曹丕对父亲太有感情了，有人说曹植华而不实，哪里比得上曹丕有真情。

回到朝歌后，吴质写信给曹植，感谢这次在邺都时曹植对他的款待，并谈到自己的想法。曹植很快寄来回信，在信中顾左右而言他，最后还劝吴质好好在朝歌待着。

半年过去了，吴质还是没调回来。怎么办？曹丕只好私下邀请他到邺都。但是宫禁森严，一般人不得进入。曹丕急忙派心腹出宫去找吴质，请他想办法。

第二天，负责后勤保障的货车从宫外回来，把装在竹筐里的吴质带进宫中。曹丕见到吴质高兴万分，二人找一隐蔽处密谈。

谁知杨修得知此事，赶紧向曹操打小报告。曹操闻讯大怒，扬言要抓现行。曹丕在宫中有许多耳目，在第一时间便获知这一情报，他立刻让心腹出宫，向吴质请教。吴质又为他出谋划策。次日，后勤的货车像往常一样准时进宫，曹操事先已下搜查令，奉命执行任务的宫廷警卫，三下两下便将所有货物翻下车来，各色物品散落一地，却不见吴质的影子。

杨修这下犯了诬告罪，吃不了兜着走。

第八章　劫数难逃　身陷囹圄

曹丕得吴质相助，连扳两局，但是他的心病依然存在。因为曹植一党的丁氏兄弟这时正得势。

为了夺得储位，曹丕在司马懿的指点下加紧运作，拉拢老臣，以获得他们的支持。曹操也在曹植与曹丕之间游移不定，不时以密函求问于外朝。立储之争已愈加激烈，到了关键时刻。

第二节　司马门案

大概应了那句"风水轮流转"的老话，最近曹植觉得事情很不顺。

先是曹操发现杨修竟然预先备好自己将要询问之事的答案，让下人以此应付自己。而且杨修说曹丕将吴质藏在竹笸中的事，竟不属实。

曹操对杨修顿起疑心，因为曹植整天跟杨修黏在一起，曹植也受到波及。自建安元年（196）迎天子到许县以来，曹操的地位不断攀升，权力也不断膨胀。长期以来一直在考虑的立世子问题已迫在眉睫，他必须要尽快做出决定。

每天，各种各样的消息都会传到他的耳朵里，他多方打听、四处密访，斟酌比较，还是举棋不定。丁仪、丁廙等人几次在他面前极力推荐曹植，他对这个儿子也极有好感。那么，就立曹植吧？现在就等献帝下诏，让他完全享受"准天子"的待遇，他就能正儿八经地宣布立嗣的人选。

可是，这两天好几个人为曹丕说话，他们旁敲侧击，无非是子桓乃长子，提醒他要注意避免袁氏兄弟相争的悲剧。立幼不立长，他认为不足为虑，就算按袁氏做法，他也不会让相同的结局出现。手足相残才是让他最感到头疼的问题。

曹操没想到的是，为曹丕说话的人居然这么多，连宫人都说曹丕好，关于曹植的负面消息却不少。他感到困惑，难道真的是他看走眼了？或者是他偏心？立储之事可不是闹着玩的，绝不可感情用事。

曹操早已看出曹丕兄弟之间的竞争，他甚至知道谁是谁的一党，但是这些都不重要，最后都能摆平。他考虑的是两个儿子哪一个更合格，他需要的是有魄力，有决断，能真正坐得稳曹家江山的主儿，哪怕心狠手辣。在他刚发布的《举贤勿拘品行令》中，已说得很清楚了。所谓"品行"向来是为人、用人不可或缺的东西，是衡量一个人"贤"与"不贤"的重要方面。他可以"不拘"，因为他所说的"贤"与传统意义上的"贤"不同，指的是实际才干，与道德无关。

到底是立曹丕，还是立曹植？曹操左思右想，还是决定不下来，从来没有事情这么让曹操感到为难。

第八章　劫数难逃　身陷囹圄

为难的又何止曹操一人？围绕立嗣之争，曹植一路走来，他看到的是争斗、阴谋、陷害、杀戮，并没有圣人所谓的仁爱、礼让、谦下——他不就是如此？尽管他的本心不想这样。尤其是他以后该怎么面对兄长曹丕？本为一奶同胞的兄弟却渐行渐远，他感到心灰意冷，产生退意。但他骑虎难下，他只是一个演员，他不是导演，他无法让这场游戏结束，除非决出最后的赢家。

曹植陷入极度痛苦和自责之中，几至不能自拔。他只能拼命喝酒。

可是，立世子之事已到最后关头，曹操随时会做出决定，丁仪兄弟也不断向曹植报告最新动态。当事人曹植却犹豫起来，情绪忽高忽低，那种感觉既像在等待初恋情人的到来，又好似准备与恋爱多年的恋人分手，令人兴奋，又令人踟蹰。

当初得知父亲要立他为嗣的情报，他着实感到兴奋。可是愿望几次落空，当他再听到这类传言，已经不以为意。现在他反而害怕听到这类消息，他不想踏着鲜血、违背良心，登上世子宝座。

最让他感到不安的是曹丕，自己怎么面对他？在他眼中哥哥一直很优秀，他能骑射，能属文，能弹棋，称得上多才多艺，又有很强的办事能力。何况他是长子。原先曹植没有太多留意其兄的感受，只是一味迎合父亲的旨意。他甚至天真地认为哥哥也会以曹家事业为重，就像嫂子说的曹家事曹家人皆有其责。在他未来的从政规划中，曹家兄弟皆可参政辅政，兄弟们一起把曹家的事业做大做好。

他感到极度的困惑，想喝酒，想找个人说心事。

他找到杨修，希望杨修给他出主意。杨修正因被发现预敕答教之事而郁闷，他十分明白如果曹植竞争世子失败，对他会很不利，他应该鼓励曹植，让他在这场竞争中胜出，他必须取胜。

杨修很快应邀而来。由于是非常时期，宫内耳目甚多，说话不方便，也没有足够的酒可喝。两人商量后，驱车到邺都东城"天外客"喝酒。

刚开始，曹植问杨修自己有无可能被立为世子。杨修认为，按他对魏王的了解，应该会选择曹植。说着端起酒杯，向曹植敬酒。"可是……"曹植嗫嚅。杨修似乎看出他的心事："魏王会有安排的，不要考虑这么多。"

"子桓会怎么想？"曹植忍不住说。杨修答曰："上古之时，唐尧传位虞舜，大禹传位伯益，非必亲子。兄弟之间，又何必计较？"

"但是袁本初、刘景升之子，不就因立嗣而手足相残？"曹植不无忧虑。

"那是袁本初、刘景升没有处理好。"杨修停顿一下，又说，

第八章　劫数难逃　身陷囹圄

"魏王雄才大略,其智力胆略岂是袁、刘可敌?君侯但听魏王计议便是。"

曹植本想说退出竞争,可是他退得出吗?他只好不作声,闷头喝酒。

杨修不失时机为之鼓气:"君侯不是有言,愿'勠力上国,流惠下民,建永世之业,流金石之功'?方今大业将成,正可大展宏图、成王霸之业,君侯怎么反而畏缩不前,儿女情长?"

曹植本来就想有一番作为,杨修的话点燃了他的激情,很快他又意气风发起来,加上三杯黄汤下肚,心里像着了火。两个人左一杯、右一杯喝得不亦乐乎,话越说越多,他们甚至憧憬着曹植进入东宫后的美好前景。

两人从辰时喝到申时,不知道喝了多少,醉过去,又醒过来,再接着喝,喝得身上带出来的钱都用光了。酒家看他们醉得不行了,不敢再上酒。曹植发怒,大喝道:"是怕我俩不给钱?"说拽下腰间的玉坠,甩在桌上。酒家赶紧赔不是,将酒又送上来。

直到他们觉得喝足了,方才相扶着,跟跟跄跄走出酒家。候在门外的车夫已在车上睡了几个时辰,被他们浓浓的酒味呛醒,忙着将他们扶上车,直往邺宫而去。

一路上曹植嘴里还在嘟囔着:"今天喝得真痛快!"

车夫急着回宫,把车驾得飞快。道路坎坷,把曹植和杨修颠得七荤八素。车帘被风卷起,风呼呼作响。风把曹植吹得清醒一些,也把他的兴致吹起来了。蒙眬之中,他巴不得就这样一路狂奔下去。

转眼间车已到了邺宫外门,曹植意犹未尽,便让车夫绕着宫墙再跑一圈。

经过几次规模较大的扩建,此时邺宫的范围相当大,也非常气派。其东西南北皆有门,最外层的是司马门,四面皆有,设有警卫,凡出入宫禁,至此都得下车步行。司马门周围的御道,也叫驰道,是帝王专用,其他人不得擅自入内。

曹植的命令刚下达,车夫就急忙回禀:"侯爷,这条道不能走车!"

还有八九分醉意的曹植,睁开醉眼,一片迷蒙,以为到了哪个开阔地带,正好跑马。心想:莫非车夫今天守了几个时辰,不想再折腾,用此话哄他?于是曹植便说:"你只管驾车就是。"

车夫还是犹豫不决,曹植火了:"到底是听你的,还是听我的?"车夫只好驾车前去。

马车冲到司马门前,遭到门卫的阻拦。曹植正在兴头上,对着门卫大喝:"你们知道我是谁吗?快开门!"门卫未必认得他,要求出示魏王手诏。这时杨修的酒意也消了一些,迷糊之中认不

第八章　劫数难逃　身陷囹圄

准到了哪个宫门，以为守卫不让他们进宫，嘟囔道："他是侯爷，马上就是，就是世子了……你们不想活了？"

门卫听说是"侯爷"，也认出了时常跟随魏王进出的杨主簿，只好把门打开。马车冲进司马门，在驰道上奔驰起来。

驰道上没有任何车马行人。在酒家门前憋了几个时辰的马儿，这时可找到撒欢的地方，像着魔一样甩着蹄子狂奔。

曹植坐在车中，在现实与梦境中穿梭。"对！掌握最高的权力，才能掌握一切。"曹植向空中挥舞着手臂，仿佛已抓住他想要的一切。发酵的酒意构筑出一个梦幻的现实，诗人曹植既获得了感官的愉悦，又享受着精神的自由和欲望的满足。

他的心在飞，好似脱离了所有荣辱得失、爱恨情仇，在一个无尘的世界，所有的禁忌都解除了，所有的烦恼都消失了，他只是他自己，一个单纯的自己，甚至什么都不是。一切都被他抛在脑后，身边只有大风在吹。

马车在驰道上奔跑，穿过南面的司马门，直趋显阳门，再往宣明门，如入无人之境，冲破魏宫最森严的禁令。

曹操刚从许县回来，立即有人向他报告曹植擅闯司马门的消息，他怒不可遏，下令处死主管宫门的公车令，并明确表示对曹植失望透顶："最初我以为子建是儿子中最能成大事的，自临菑侯植私自出行，开司马门至金门，让我对这个儿子另眼相看！"

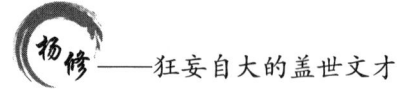

曹操复作《又下诸侯长史令》，进而表示不信任所有诸侯。

有关曹植的坏消息还在陆续传来。有人向曹操报告，说曹植与杨修醉闯司马门时，还诽谤鄢陵侯（曹彰）。曹操稍微平息的怒火又被点燃了，并迁怒于杨修。

无论如何，行为不检点、知法犯法，绝不是一个即将受命承担重任的人应有的样子。

司马门事件带来的影响远不止杀掉一个公车令或是迁怒于杨修。至此，曹操心中对立嗣之事也有了决断。曹操决定放弃原先的计划，确定世子人选。

建安二十二年（217）十月，天子诏命曹操冕十二旒。曹操当即立曹丕为世子。

第三节　扰乱军心

建安十三年（208），刘备与孙权结成联盟于赤壁之战大破曹操之后，收复荆州各郡。刘备以荆州为根据地，进而攻占益州。与此同时，曹操击败以马超、韩遂为首的关中联军，进而攻占张鲁占据的汉中地界。汉中与蜀中相接，曹操进军汉中给刚刚易主的蜀中百姓带来不小的震动，相传蜀中一日数十惊。

司马懿劝谏曹操可趁机攻占蜀中，但曹操后方发生叛乱。曹

第八章　劫数难逃　身陷囹圄

操留夏侯渊、郭淮、徐晃、张郃等镇守汉中，并让张郃进犯巴西。建安二十年（215），镇守荆州的关羽与孙权发生矛盾，孙权派人袭取荆州，刘备率军支援关羽。而此时张郃深入巴西，已经攻打到宕渠一带。刘备忙与孙权讲和，湘水划界后，率领张飞于瓦口关大破张郃。张郃退走后，刘备在蜀郡太守法正、护军黄权等人的建议下，率领大军攻打汉中。

建安二十四年（219），刘备手下黄忠于定军山斩杀曹军大将夏侯渊，王平随曹操率领大军来争汉中。

徐晃不听王平劝阻，率军渡过汉水扎营。黄忠和赵云得知后，向刘备请战，刘备同意。两人商议，决定等到傍晚曹军疲惫时，分兵夹击。果然，面对徐晃的挑战，蜀军按兵不动，待其弓弩手射击时，黄忠判断曹军将退，立即下令出击。蜀军左右夹攻，徐晃大败，曹军被逼入汉水，损失惨重。徐晃脱险后责备王平未救，王平反指责徐晃不听劝告，于当晚放火自救并向赵云投降。刘备对王平熟知汉水地理大为赞赏，任命他为偏将兼向导。

曹操闻讯大怒，亲率大军来夺汉水寨。赵云为避免孤军作战，退至汉水以西。两军隔河对峙，诸葛亮观察到上游土山可埋伏，便让赵云带500名鼓角手伏击，并约定以炮声为号，虚张声势。连续三夜，蜀军利用夜色和炮声让曹军惶恐不安，最终曹操因疑心重重，主动撤退30里扎营。诸葛亮笑称曹操虽懂兵法却不懂诡计，随后建议刘备背水扎营，以诱敌深入。

曹操见刘备背水扎营，心生疑虑，下战书挑战。次日，两军对峙，曹操先声夺人，大骂刘备忘恩负义。刘备则以奉诏讨贼之名反驳。双方交战，刘备故意示弱撤退，丢弃大量辎重，引诱曹军抢夺。曹操见状，心生疑虑，急令撤退，以防中计。然而，就在他下令撤退之际，诸葛亮趁机率军发动攻击，蜀军四面杀出，曹军大败而逃。

曹操退回南郑，却遭魏延、张飞等将截击，南郑已失。曹操惊惧之下，只能逃往阳平关。刘备占领南郑后，询问诸葛亮为何曹操败得如此之快，诸葛亮解释道："曹操生性多疑，虽善用兵，但疑虑过多必败。我正是利用他的多疑之心，以疑兵之计取胜。"刘备随即询问如何攻取阳平关，诸葛亮早已胸有成竹，他派遣张飞、魏延截断曹军粮道，黄忠、赵云则放火烧山，多路并进，以彻底击败曹操。

曹操撤退到阳平关后，立即派斥候探查敌情。斥候回报说，蜀军已经封锁了所有大小道路，连砍柴的地方也被放火烧尽，根本探不清蜀军的确切位置。正在曹操疑惑之际，又传来张飞、魏延分兵劫粮的消息。曹操问谁敢去迎战张飞，许褚挺身而出，主动请缨。曹操便命许褚带领 1000 名精兵，前往阳平关护接粮草。

押粮官见到许褚，感激不尽，将车上的酒肉献上以示感谢。

第八章 劫数难逃 身陷囹圄

许褚贪杯，不觉间喝得大醉，却还要坚持趁着酒意赶路。押粮官劝阻说天色已晚，前面地势险恶，不宜前行，但许褚自恃勇猛，不以为意，执意前行。

夜半时分，许褚率领的运粮队行至半路，突然遭遇张飞率领的伏兵。张飞挺矛跃马，直取许褚。许褚虽然勇猛，但酒醉之下，力不从心，几个回合便被张飞一矛刺中肩膀，跌落马下。幸好被军士及时救起，才得以逃脱。张飞趁机夺走了曹军全部粮草车辆。

许褚受伤被送回曹营，曹操命医士为其治疗伤口。同时，他亲自提兵，准备与蜀军决战。刘备也率军迎战，两军对峙。刘备命刘封出战，曹操见状，大骂刘备派义子来抵挡自己，扬言若让自己的黄须儿曹彰来，刘封必成肉泥。刘封大怒，挺枪而出，与曹操交锋。曹操则令徐晃迎战刘封，刘封诈败而走，曹操率军追赶。不料，蜀军营中炮声四起，鼓角齐鸣，曹操恐有伏兵，急令退军。曹军在撤退中自相践踏，伤亡惨重，逃回阳平关才算稳住阵脚。

然而，蜀军并未放弃追击，他们四面围城，不断发起攻击。曹操见势不妙，只得放弃阳平关，逃往别处。蜀军紧追不舍，曹操在逃亡途中，又先后遭遇张飞、赵云和黄忠的截击，损失惨重。幸好，曹操次子曹彰及时赶到，率军救援，才使得曹操得以脱身。

曹彰，字子文，自幼便擅长骑射，力大无穷，能徒手与猛兽搏斗。曹操曾告诫他要多读书，不要只知道习武，但曹彰立志要学习卫青、霍去病，立功沙场，纵横天下。建安二十三年（218），代郡乌桓反叛，曹操便命曹彰领兵5万前往平叛。临行前，曹操告诫他要公私分明，不可徇私情。曹彰不负所望，身先士卒，一举平定了北方。这次听说父亲在阳平关战败，曹彰便火速赶来救援。

曹操见到曹彰赶到，大喜过望，认为有了曹彰的助力，必定能够打败刘备。于是，他整顿兵马，在斜谷附近重新安营扎寨。这时，刘备也得知了曹彰到来的消息，便问谁敢去迎战曹彰。刘封和孟达都表示愿意前往。刘备便命他们各领五千兵马前去迎战。

刘封率先出战，与曹彰交锋。但仅仅三个回合，刘封便大败而归。接着，孟达又领兵出战，正欲交锋时，马超和吴兰的援军赶到。曹军见状大乱，马超军更是蓄锐已久，势不可当。曹彰在乱军中与吴兰相遇，两人交锋不到几个回合，吴兰便被曹彰一戟刺于马下。随后，两军陷入混战。

曹操见势不妙，只得收兵。他屯兵已久，想要进兵又被马超阻挡；想要撤退又怕被蜀军耻笑，心中犹豫不决。这时，厨师送来鸡汤，曹操看到碗中的鸡肋，不禁感慨万千。正在他沉思之际，夏侯惇进来询问夜间口令。曹操随口说了"鸡肋"二字。夏

第八章　劫数难逃　身陷囹圄

侯惇便将口令传了下去。

行军主簿杨修听到"鸡肋"二字后，便猜测曹操有退兵之意。夏侯惇得知后大惊失色，连忙请来杨修询问缘由。杨修将自己的猜测告诉了夏侯惇，他解释道："鸡肋就是吃着没肉、扔了可惜的东西。现在咱们进不能胜，退又怕人笑话，留在这里没什么好处，不如早点撤退。所以大家应收拾行装以备撤退。"

很快这个消息就在曹营中传开了，大家都开始收拾行装准备撤退。曹操得知军中人心浮动，纷纷准备撤退，心中大怒又感困惑。他本欲稳坐军中，以图后计，怎料杨修仅凭一句"鸡肋"便洞悉其心意，更导致全军士气低落，人心惶惶。

曹操提着斧子，深夜在营中巡视，意欲查明是谁在背后扰乱军心。当他来到夏侯惇的营寨，发现士兵们果然都在悄悄收拾行装，准备撤离。他怒气冲冲地召回夏侯惇，质问其缘故。夏侯惇无奈，只好道出是杨修根据"鸡肋"二字做出的判断。

曹操一听，更是怒不可遏，立即召见杨修。面对曹操的质问，杨修从容不迫，再次以"鸡肋"之意解释自己的推断。曹操听后，却并未因此称赞杨修的聪明才智，反而怒斥其妖言惑众，扰乱军心，当即下令将杨修捆绑起来，待军法处置，以儆效尤。

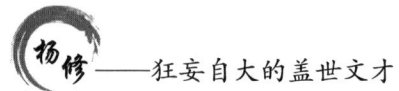
杨修——狂妄自大的盖世文才

第四节 死之晚矣

杨修被绑要接受军法处置的消息迅速传遍全军,众人皆惊,皆以为其命休矣。一传十,十传百,杨修被绑的消息被传成了杨修被杀的谣言。有人为杨修的死感到惋惜,认为他不过是说了几句实话,并无大错;也有人为曹操的果断感到敬畏,认为他能够迅速平息军中的动荡,确保军纪严明。

然而,曹操的心中并未因此而平静。他深知自己此次战败,并非仅仅是因为杨修的几句言语,而是因为蜀军的强大和自身的疏忽。他开始反思自己的战略和用人,决定调整策略,重新部署兵力,以图再战。

与此同时,刘备在得知曹操欲斩杀杨修的消息后,也是感慨万千。他深知杨修的聪明才智和忠诚正直,对其死感到惋惜。但他也明白,这是曹操为了稳定军心而做出的决断,无可奈何。刘备决定趁曹操军心不稳之际,继续发动攻势。他命关羽、张飞等将领率领精锐部队,向曹操的营地发起猛攻。曹操虽然奋力抵抗,但由于士气低落,加之兵力不足,最终还是败退而去。

建安二十四年(219)秋,曹操担心杨修颇有才策,又是袁氏的外甥,恐为后患,于是以"前后漏泄言教,交关诸侯"等罪

第八章　劫数难逃　身陷囹圄

名下令将杨修处死。杨修自以为因曹植事而死，临死前，对故人说："我固自以死之晚也。"

在杨修临刑前的那一晚，秋风瑟瑟，夜色如墨，沉重而压抑。杨修被粗壮的绳索紧缚于一根木桩之上，周围是严阵以待的士卒，他们的眼神中既有同情也有冷漠，仿佛这是一场即将上演却早已注定的悲剧。消息快速传开至营帐的每一个角落，人们低声议论，无不为这位昔日才子的命运唏嘘不已。

"杨参军何至于此？"一名年轻兵丁对身旁的同伴轻声叹道，"他不过是直言了几句，怎会落得如此下场？"

"唉，这军中之事，岂能尽如人意？"老兵丁摇了摇头，眼中闪过一丝无奈，"将军之意，我等怎敢妄测？"

杨修闭目养神，耳边却清晰地捕捉到这些议论声，心中五味杂陈。他本是名门之后，才华横溢，却因一纸"言多必失"的罪名，即将命丧于此。他未曾想过，自己的忠诚与智慧，竟成了致命的毒药。

就在这时，一阵急促的脚步声打破了夜晚的宁静，曹操在数位亲卫的簇拥下，缓缓步入营地。他的脸上没有丝毫波澜，但那双深邃的眼眸中却隐藏着复杂的情绪。曹操站定在杨修面前，沉默片刻，仿佛在与杨修进行一场无声的对话。

"德祖，你可曾后悔？"曹操的声音低沉而有力，打破了黑

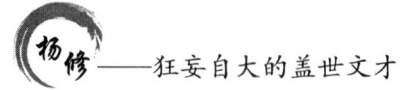

夜的寂静。

杨修睁开眼，目光坚定地迎上曹操的视线，嘴角勾起一抹苦涩的笑："大王，我杨修一生行事，但求无愧于心。所言所行，皆出自公心，何来后悔之说？"

曹操闻言，微微点头，眼中闪过一丝赞许，但随即又被深深的忧虑取代："你确是难得的人才，然在这乱世之中，你的才情，既是你的骄傲，也是你的劫难。"

"大王教诲，德祖铭记于心。"杨修语气平和，仿佛已看淡了生死，"只是，我心中有憾，未能亲眼见证天下一统，百姓安居乐业之日。"

曹操轻轻叹息，他深知杨修心中的理想又何尝不是自己心中所想，只是道路不同，归宿亦异。

"德祖啊，你错就错在太过锋芒毕露，又生在这乱世之中。你的才智，既是你的武器，也是你的软肋。"

杨修沉默片刻，转而望向远方，那里是未知的未来，也是他未曾实现的梦想。

"大王，或许是我太过天真，总以为凭借一己之力，能够改变些什么。如今想来，却是可笑至极。"

"可笑？不，你不可笑。"曹操摇头否定，"你是这世间难得的清醒者，只是命运弄人，让你我走上了不同的道路。你之死，

第八章　劫数难逃　身陷囹圄

非我本意，实乃形势所迫。"

"大王言重了。"杨修轻轻摇头，声音中带着一丝释然，"我知大王乃是为大局考虑，德祖无怨无恨。只是临别之际，我有一事相求。"

"你说。"曹操语气中多了一丝温和。

"望大王善待我的家人，他们皆是无辜之人。"杨修的声音微微颤抖，这是他最后的牵挂。

曹操郑重地点了点头："我答应你，定保你家族周全。"

杨修听后，终于露出一丝安心的笑容，仿佛卸下了所有的重担："多谢大王恩典，德祖死而无憾！"

夜风拂过，带走了最后的对话声，杨修的眼神逐渐涣散，生命之火在他的身体里缓缓熄灭。他的离去，不仅是一代才子的陨落，更是那个时代无数理想与现实碰撞下的悲剧缩影。

第九章

身后无传 千古成谜

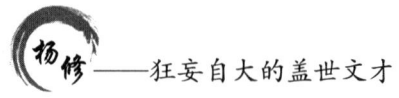

杨修——狂妄自大的盖世文才

第一节　四封书信

杨修,极富才华,智慧过人,年纪轻轻就被曹操封为丞相主簿。很多人认为,杨修由于不懂得隐藏自己,处处锋芒毕露,屡次看透曹操的心思,最后触怒了曹操,虽然他是一个难得的才子,但还是被曹操忍痛割爱杀掉了。

关于杨修之死,众说纷纭,有人说杨修完全是罪有应得;有人说曹操心胸狭隘容不下杨修。作为当事人的曹操,他对杨修之死又是怎么看的呢?

《古文苑》中收录了杨修死后曹操夫妻与杨彪夫妻的四封书信,分别为《与太尉杨彪书》《答曹公书》及《与杨彪夫人袁氏书》《答曹公夫人卞氏书》。这四封书信探讨了杨修被杀的罪过,并皆表露出对杨修之死的惋惜。

杨修死后,曹操走了一步先手棋,特意写了一封信,去安慰杨修的父亲杨彪,信中表明了他对杨修之死的态度,这封信就是著名的《与太尉杨彪书》。

曹操在信中写道:"我与您共享海内的大义,您不曾放弃我,并以贤能的儿子辅佐我。近来国家虽然安定,但边疆未平。如今军队出征是大事,百姓受到骚扰。我制定军队的号令,主簿应遵

第九章　身后无传　千古成谜

守。然而您的贤子却依仗您的权势，每每不与我同心。我虽想按照法令处理，但还是希望他能够改正，所以多次宽恕了他。但考虑到再放任下去您和您的家族会招来麻烦，所以又依法杀了他。现在赠送您锦裘两领、银角桃杖一根、床褥三具、官绢五百匹、钱六十万、画轮马车一辆、牛两头、马一匹、鞍具十副、驱使二人等物品。这些虽然是薄礼，但表达了我的心意。请您慷慨接受，不必回复。"

从这封信中，可以看出，曹操先是与杨彪叙旧，然后直言杨修之死的原因：是杨修仰仗豪父之势，不与我同心，我想纠正他，他却抱怨我，本来以为他能改过自新，没想到他一错再错，现在不能再纵容他了，不然让他肆意妄为下去，恐怕会酿成大祸，连累足下全家。以上是信的前半部分，曹操字里行间，将自己的"威"表现得淋漓尽致，气焰逼人。

信的后半部分，便是在表现曹操的"恩"，他不厌其烦地列出了一大份礼物清单，说是"所奉虽薄，以表吾意"。

关于曹操，《三国志》中是这样描述他的："持法峻刻，诸将有计画胜出己者，随以法诛之。"曹操心胸狭隘、爱猜疑，以此推知，杨修其实是因才高盖主，才被曹操所杀的。

通过这封信，曹操不仅表达了对杨彪的尊重和感激，还展现了他作为一位实际的君王的宽容和大度。

面对曹操的这封恩威并施、假仁假义的来信，杨彪该如何回复呢？

杨彪不能不回复，因为曹操当时的势力实在是太大了，为此杨彪写下了著名的《答曹公书》。他回复曹操说："您一直对我非常看重，总是给予我礼遇，这让我私下里感到无比的光荣。我的儿子（杨修）行为顽劣，却错误地被您赏识并任用，他未能如您所期望的那样有所建树，反而辜负了您的厚爱。现在正值军队出征在外，国家事务繁忙，您身居要职，辅助朝政，我本应当与大家齐心协力，共谋大计，却因为放纵、玩忽职守，将要违背法令制度。说到教育子女，没有人能比得上自己的父亲了解孩子，我总是担心我这个不成器的儿子，最终会使家庭倾覆衰败。您宽宏大量，一直容忍我的罪过到现在。最近得知消息（杨修被杀）的那天，我内心极度痛苦，心如刀割。其实，面对这样的事情，谁又能不这样呢？我深刻反省自己的过失，并以此来稍稍宽慰自己。您赠送给我马匹以及其他各种物品，如果不是亲朋好友，谁又能做到这样呢？我看着您所赐予的一切，心中更加充满了悲伤与恐惧。"

杨彪其实深知杨修之死的原因，不过迫于曹操的权势，只能忍痛接受这个结果，宛如打落自己的牙齿，还往肚子里吞，真是可悲可叹啊！

第九章　身后无传　千古成谜

与此同时，曹操的夫人卞夫人也给杨修的母亲袁氏（杨彪的妻子）写了一封书信，以安慰袁氏。这封书信的名字是《与杨彪夫人袁氏书》。

卞夫人写的这封信的大意是：杨氏乃是名门，您的儿子杨修非常有才能，作为我的夫君曹操的主簿，为我的夫君出谋划策，无不尽心尽力，立下大功。但是现在听闻令公子犯了军法，被处死了，我听说了之后，"心肝涂地，惊愕断绝"，非常伤心。当年曹昂战死，丁夫人非常伤心，还和夫君离异，将心比心，您失去了儿子，肯定也非常伤心，我也深有同感。因此，我现在送给您一笼衣服、百匹文绢、百斤官锦、一乘香车、一头牛，略表慰问之意，请您收下。

我们不知道杨修的母亲袁氏收到卞夫人送的礼物之后，心里是什么滋味。想必她心中也不好受，只是碍于曹操的势力，不能发作。

袁氏接到卞夫人的信，看了又看，悲痛欲绝，这明明是往自己伤口撒盐嘛！但碍于曹家权势，又不得不接受儿子杨修已死这个事实，而且还要恭恭敬敬地给卞夫人回信。这就有了第四封信——《答曹公夫人卞氏书》。

书信大意是：袁氏（杨修之母）叩首再拜。由于路途较近，未能长久地停留以表达我的哀思，但我的思念与忧虑之情，如同山峦般堆积在心头。曹公拯救天下，使得远近之地都得以安宁，四海之内的人都对他心怀敬仰，无不感激。我的儿子杨修，性格粗疏，却错误地得到了曹公的赏识与提拔，他还未能有所回报。他果然招来了罪孽，每当我想到这一点，内心都感到极度痛苦，五脏六腑仿佛都要裂开一般。您没有忘记我们，还屈尊赐信告知，我深感荣幸。在读了夫君与曹公的信后，我完全了解了事情的经过。我深知，作为父母，我们最能理解孩子的行为，杨修犯下如此过错，理应受到这样的惩罚。但可怜他正值青春年华，却命丧黄泉，留下孤儿寡母，每当想到这些，我都悲痛欲绝。曹公已经赐予我们很多东西，现在又给予我厚重的财物，这样的礼遇我心中实在是承受不起，所以收到后就立即回信向您表示感激并退回部分礼物。

袁氏在信中多次表达了对儿子杨修去世的极度悲痛，如"念之痛楚，五内伤裂"和"言之崩溃"，这些都体现了她内心的极度痛苦和哀伤。虽然儿子因罪被杀，但袁氏对曹操及其夫人的宽容和礼遇表示了感激，如"尊意不遗，伏辱惠告"和"明公所赐已多，又加重赉"。同时，她也感到惶恐，因为这样的礼遇在她看来并不合适，她担心自己无法承受这样的恩典。

袁氏在信中提到"小儿疏细，谬蒙采拾"，表达了对儿子性格的无奈和对儿子被曹操赏识的感激，但同时也隐含着自责，认

第九章　身后无传　千古成谜

为自己对儿子的教育不够,导致他走上了不归路。最后,袁氏还表达了对未来生活的担忧,特别是提到"遗育孤幼",她担心自己如何抚养杨修的遗孤,如何面对未来的生活。

两对夫妻,两个家庭,一主一臣,你来我往,四封书信,为杨修之死增添了无尽的悲凉。也许,生命就是滚滚历史车轮之下的微微尘埃。也许,盖世文才就是权力缠斗之中的芸芸祭品。

第二节　死因之谜

虽然杨修最擅长解谜,然而他的死成了千古不解之谜。小说《三国演义》中写杨修被杀死是因为"恃才放旷",又遭曹操忌才,所以在征汉中的时候被曹操借口"鸡肋"一事杀掉。其实历史上杨修并没有死于汉中,而且杨修之死更多是因为政治上的原因,并不仅仅是因为他所拥有的才华。

首先,我们来说说杨修死于何处以及曹操有没有在汉中因为"鸡肋"一事而杀他。所谓"鸡肋"一事的确有,事见于《三国志》和《后汉书》,两处记载意同而言词稍异,《后汉书》中记录如下:

> 修字德祖,好学,有俊才,为丞相曹操主簿,用事

曹氏。及操自平汉中，欲因讨刘备而不得进，欲守之又难为功，护军不知进止何依。操于是出教，唯曰"鸡肋"而已。外曹莫能晓，修独曰："夫鸡肋，食之则无所得，弃之则如可惜，公归计决矣。"乃令外白稍严，操于此回师。修之几决，多有此类。修又尝出行，筹操有问外事，乃逆为答记，敕守舍儿："若有令出，依次通之。"既而果然。如是者三，操怪其速，使廉之，知状，于此忌修。且以袁术之甥，虑为后患，遂因事杀之。修所著赋、颂、碑、赞、诗、哀辞、表、记、书凡十五篇。

文中并没有说曹操因为"鸡肋"一事而杀杨修，尤其是后面有"修之几决，多有此类"一句，说明这件事只是举个例子而已，说杨修是被"因事杀之"，其中的"事"可以是很多事，不见得就是"鸡肋"一事。

按《三国志·曹植传》中裴注云：

至二十四年秋，公以修前后漏泄言教，交关诸侯，乃收杀之……修死后百余日而太祖薨。

第九章　身后无传　千古成谜

此处明确地说杨修是死于建安二十四年（219）秋。再查《三国志·武帝纪》得知曹操于建安二十四年（219）的活动如下：

> 二十四年春正月，仁屠宛，斩音。夏侯渊与刘备战于阳平，为备所杀。三月，王自长安出斜谷，军遮要以临汉中，遂至阳平。备因险拒守。夏五月，引军还长安。秋七月，以夫人卞氏为王后。遣于禁助曹仁击关羽。八月，汉水溢，灌禁军，军没，羽获禁，遂围仁。使徐晃救之。九月，相国钟繇坐西曹掾魏讽反免。冬十月，军还洛阳。孙权遣使上书，以讨关羽自效。王自洛阳南征羽，未至，晃攻羽，破之，羽走，仁围解。王军摩陂。
>
> 二十五年春正月，至洛阳。权击斩羽，传其首。庚子，王崩于洛阳，年六十六。

按此处记载，曹操在建安二十四年（219）三月进军汉中，"夏五月"已经回长安，八九月间自洛阳南下救曹仁，军至摩陂时关羽军已破，于是在冬十月回师洛阳，此后未再至汉中。杨修既然是死于建安二十四年（219）秋，而他死后百余日曹操才亡故，按曹操死于建安二十五年（220）正月庚子日，因此杨修应该大约死于曹操救曹仁的建安二十四年九月中旬到十月间，至迟不会晚于"冬十月"，所以杨修不应是为"鸡肋"一事而死于汉中。又因为在杨修死后，曹操曾经给杨彪写过一封信表示哀悼，即《与太尉杨彪书》。书信中有"今军征事大，百姓骚扰。吾制钟鼓之音，主簿宜守"一句，表明杨修是死于军事事务，因此我们可以肯定杨修是死于曹操讨关羽的军事事务。

杨修被杀死的罪名现在已经不得而知，但是他的死因比较复杂，而最主要的原因，还是政治上的两大因素。

一是杨修犯了古代皇室权力之争中的大忌，参与了夺嫡之争。

二是杨彪、杨修本人的身份及政治观念与曹氏政权的利益有冲突。杨彪的夫人是袁术的姐妹，杨修是袁术的外甥，而在政治观念方面杨彪和杨修又与孔融及祢衡等清议复古派是一路，在政治主张和文学风格方面均以复古为特点，与曹操的实用主义政策形成鲜明对立，所以被曹操所忌。

杨修在初任丞相主簿时，应该说还是比较为曹操所信任的。《三国志·曹植传》云"修年二十五，以名公子有才能，为太祖所器"，又说"是时，军国多事，修总知外内，事皆称意。自魏太子已下，并争与交好"。这两段话说明了两个问题：第一，杨修才华出众，所以才会被曹操任以"总知外内"的主簿一职，而

第九章　身后无传　千古成谜

且"事皆称意"。如此来说,曹操在这个时候应该对他是比较看重的,而且比较信任他,不然就不会把这个职位交给他。第二,"自魏太子已下,并争与交好"一句可见,当时连魏太子曹丕也要巴结他,而其中的"并""争"二字,又说明巴结他的并非太子一人,可以想见他当时地位之重要。反过来说,这个又可以证明杨修这时应该是深得曹操信任和倚重的府吏,而且与曹操关系比较密切,不然不会出现"自魏太子已下,并争与交好"的情况。

在当时,曹操对曹丕和曹植二人中由谁来继承魏王之位一事是颇为犹豫的。

虽然曹丕文才亦可观,但是他于诗赋上的造诣与其弟弟曹植相比还是有一定差距的。所以作为三国时期集军事家、政治家、诗人等诸多名号于一身,文采本就极好的曹操,也许刚开始在心里更倾向于曹植。因为曹操身上本来就颇具诗人狂放不羁的气质,裴松之注引《曹瞒传》曰:

> 太祖为人佻易无威重,好音乐,倡优在侧,常以日达夕。被服轻绡,身自佩小鞶囊,以盛手巾细物,时或冠恰帽以见宾客。每与人谈论,戏弄言诵,尽无所隐,及欢悦大笑,至以头没杯案中,肴膳皆沾污巾帻,其轻

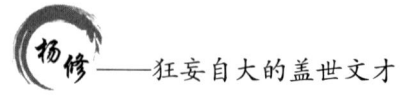
杨修——狂妄自大的盖世文才

易如此。

而曹植颇有乃父之风，《曹植传》说他"性简易，不治威仪。舆马服饰，不尚华丽"，又说他自小就善于作文，"年十岁余，诵读诗、论及辞赋数十万言，善属文。太祖尝视其文，谓植曰：'汝倩人邪？'植跪曰：'言出为论，下笔成章，顾当面试，奈何倩人？'时邺铜爵台新成，太祖悉将诸子登台，使各为赋。植援笔立成，可观，太祖甚异之。每进见难问，应声而对"，所以曹操对他"特见宠爱"。本传记载"(曹)植既以才见异，而丁仪、丁廙、杨修等为之羽翼。太祖狐疑，几为太子者数矣"。也就是说，好几次曹植就差点做了世子，其中作为曹植智囊集团中坚力量的丁仪、丁廙、杨修等人起了不小的作用。丁仪、丁廙兄弟与曹丕本就有私怨，因此大力支持曹植夺嫡。杨修作为曹操身边的亲信，必定是曹植和曹丕争取的对象了。曹植作为一个名闻天下的才子，或许更对杨修的胃口，而曹植这个时候"特见宠爱"又兼主动示好，杨修遂顺水推舟加入曹植一方，参与了这次残酷的夺嫡之争。

曹植和曹丕在文学才华上虽然是曹植占优，可在政治和军事才能上应该说曹丕要更胜一筹，而且两人身边智囊集团的构成也不一样。曹丕的智囊是司马懿、陈群、吴质、朱铄，《晋书》云

第九章　身后无传　千古成谜

这四人在曹丕身边号称"四友"。这四人中，司马懿、陈群的政治才能以及谋略应该说是公认的汉魏谋士和大臣中的上上之选；吴质心计深沉，文才也佳；朱铄事无记载，不过他的官职是中领军，应该也不会是个好相与的角色。而曹植的智囊是清一色的文士，没有什么政治和军事经验，远不如司马懿、陈群、吴质之流老谋深算，这样在斗争中自然就落了下风。《三国志·曹植传》裴注中就有号称"有才策"的杨修在和当时仅是朝歌长的吴质智斗中败下阵来的记载，而且还因此直接导致了曹操对曹植为人的怀疑。

兵法有云，知己知彼，百战不殆，吴质可谓知己知彼矣。杨修空负才名，可惜不及吴质老谋深算，所思所行被吴质料中，反被暗算了一把，还连带主子曹植受疑，真是有苦说不出。此后，曹丕因为曹植文采极好，自己实在不是曹植对手，心里颇为着急，以至"怅然自失"，吴质又一次逆转了形势，致使曹操再次对曹植有了看法。

曹丕于是就这样在他的智囊"四友"的策划下，于夺嫡的争斗中逐渐占了上风。同时他又适时地展开了公关攻势，塑造自己的形象，"文帝御之以术，矫情自饰，（曹操）宫人左右，并为之说"，同时拉拢曹操手下的重臣贾诩等人。再加上曹植"任性而行，不自彫励，饮酒不节"，开始逐渐失宠。这个时候又出了一件大事,就是曹植在魏国的都城邺城奔驰于驰道中。驰道,是曹操作为魏王的专用道路,曹植这样做,可以说已经是以魏王自居了,所以曹操大怒,结果是"公车令坐死。由是重诸侯科禁,而植宠日衰"。

杨修在曹植失宠后,曾经有意疏远曹植,但是因为曹植毕竟是曹操的儿子,所以他不敢表现得过于明显,还是与曹植保持了一定的往来。从这点也可以看出他是比较缺乏政治上的应变能力的。

第三节　另有深意

《世说新语》中记载杨修的形象颇为"轻狂",这一点被罗贯中继承并加以发挥,所以我们看到《三国演义》中的杨修恣肆逞才。但是小说有意隐去了《世说新语》中记载的杨修之死的一个重要原因,那就是他卷入了曹丕、曹植兄弟的嗣位之争。罗贯中在文学作品中大力渲染杨修"恃才傲物",好几次让曹操难堪,因此招致了杀身之祸,最终死于曹操的"嫉贤妒能"。《三国演义》这样做是为了服务于小说主旨,是出于塑造曹操"奸雄"形象的需要,而并非历史事实。

《世说新语》虽然具有很高的史料价值,但是关于杨修之死

第九章　身后无传　千古成谜

的原因的记载也流于表面。杨修之死固然是因为卷入了曹氏夺嫡之争,但是杨修的死又远不止因参与曹氏内部权力斗争这么简单。既然杨修并不是死于曹操的"嫉贤妒能",又不只卷入"曹操立嗣"这么简单,那么,杨修之死的背后到底还有哪些深层次的原因呢?

在笔者看来,杨修之死跟他本人的政治立场有直接的关系,也是汉魏嬗代历史进程中一个标志性的事件,它标志着以世家大族为支柱的东汉政权的彻底败亡,同时也预示着汉魏嬗代的必然到来。

陈寿在《三国志》中对曹操有一个总结性的评价:"太祖运筹演谋,鞭挞宇内,揽申、商之法术,该韩、白之奇策,官方授材,各因其器,矫情任算,不念旧恶,终能总御皇机,克成洪业者,惟其明略最优也。"这里陈寿看到了曹操在政策层面是实行"申、商法术",这是曹操打击以"儒"为特征的世家大族的一面。陈寿的这个看法,我们不能说他错了。然而在《魏书·卢渊传》里,孝文帝答卢渊表里有"曹操胜袁,盖由德业内举……定非弊卒之力强,十万之众寡也"这样的说法。孝文帝对于曹操崛起的理解,比起陈寿来,显然层次更高,已经涉及社会政治。

曹操用人,对"德"并不十分在意。曹操"德业内举",按照田余庆先生的说法,其实就是他对自东汉以来,在朝野都具有巨大影响力的世家大族阶层,有一个比较清醒客观的认识。由此,曹操对待这个阶层,采取的是一个适度而又有效的弹性政策。

徐扬杰在《中国家族制度史》一书中提出:"东汉政权是一个世系大族公卿满朝的政权,曹操夺取这个政权时不得不承认这个既成事实。为了巩固统治,曹操也必须吸收一些强宗大族在朝廷任重要官职。"世家大族在汉末政治中,是一个无法回避的存在。我们考察曹操对待杨彪杨修父子的态度时,这一点能得到印证。弘农杨氏,是东汉以来的超一流家族和第一等高门,并且在汉末还和另外一个超一流家族汝南袁氏有姻亲关系,而杨修便是杨氏和袁氏联姻的后代。杨修之父杨彪又是汉末的太尉,在这种情况下,杨修与其父的社会影响力就可想而知了。

因为杨彪出身于东汉最有声望的高门大族,世代忠于汉室,杨彪的先祖从杨震开始,世代和宦官进行激烈的斗争,世代也都以清流自居,对曹操这种"赘阉遗丑"本来是十分鄙视的,根本不可能心悦诚服地接受曹操的统治。曹操对此也早就心知肚明,其实曹操对以杨彪为首的世家大族势力一直十分忌惮,想杀杨彪之心早已有之。

《后汉书·杨彪传》载:"时袁术僭乱,操托彪与术婚姻,诬以欲图废置,奏收下狱,劾以大逆。"

第九章　身后无传　千古成谜

从这条史料可以看到，曹操杀杨彪之心早已有之，只是未得借口，最后只能因袁术和杨彪的姻亲关系勉强处置杨彪。但是即便如此，曹操依然遭遇了来自己方势力内部的强大阻力。孔融以杨彪"四世清德，海内所瞻"为由，提醒曹操杨氏的巨大影响力，并且警告曹操说："横杀无辜，则海内观听，谁不解体！"甚至还以自己"明日便当拂衣而去，不复朝矣"作为进一步的威胁。曹操在这种情况下，也只能作罢，最终不敢妄杀杨彪。

更为讽刺的是，袁绍和杨彪、孔融等人也有矛盾，其曾经在建安三年（198）给曹操去信，想借曹操之手除掉他们，然而曹操依然不敢轻举妄动。

《三国志·武帝纪》记载：

> 袁绍宿与故太尉杨彪、大长秋梁绍、少府孔融有隙，欲以他过诛之。公曰："当今天下土崩瓦解，雄豪并起，辅相君长，人怀怏怏，各有自为之心，此上下相疑之秋也，虽以无嫌待之，犹惧未信；如有所除，则谁不自危？"

曹操这番对袁绍的作答，当然首先是将他的虚伪表现得淋漓尽致，但是也从侧面反映了杨氏等人在东汉社会的巨大影响力，使得曹操不敢轻举妄动。汉室虽然衰微，但是拥汉者大有人在。

曹操不敢杀杨彪，反而以太常的高位来对其进行笼络。然而以杨彪坚定拥护汉室的政治立场，他不可能真心和曹操合作。从这一点来说，杨彪和荀彧有相似之处，但是他表现得更为极端。

杨彪在曹操代汉之心日益暴露的时候，选择了坚守汉节，闭门绝户10多年，拒绝和曹操合作。到了魏文帝践祚，想起用杨彪做魏朝的太尉时，杨彪也再次表示了拒绝。

这种情况在杨修身上，亦是如此。

《三国志·陈思王曹植传》注引《典略》记载：

> 杨修字德祖，太尉彪子也。谦恭才博。建安中，举孝廉，除郎中，丞相请署仓曹属主簿。是时，军国多事，修总知外内，事皆称意。自魏太子已下，并争与交好。又是时临菑侯植以才捷爱幸，来意投修，数与修书，书曰："数日不见，思子为劳，想同之也。"

我们从这段记载中可以看到两个关键的信息，第一点是杨修受到了曹操的提拔和重用，这是曹操拉拢杨修的表现，同时这使得杨修具有了"总知外内"的地位；第二点则甚为关键，那就是这里呈现出了一个和《世说新语》中完全不一样的杨修，《世说

第九章　身后无传　千古成谜

新语》里的杨修颇为轻狂，主动参与了曹操的立嗣活动，是一个"聪明反被聪明误"的形象，其被杀颇有些"咎由自取"的味道。而裴注引用的材料则向我们清楚地表明，是因为杨修在曹操身边掌握机密，曹魏诸卿争相与之结交。而杨修之所以选择辅佐曹植，这自然和其政治立场有关。

杨修其实也是拥汉派。因为杨氏一门在东汉的巨大社会声望，曹操不得不对其进行竭力拉拢。这显示出曹操在对待世家大族的政策方面灵活的一面；但是，如果反复拉拢都不成，时机一到，曹操就会对这些"恃旧不虔"，不愿意支持自己代汉的人物加以杀戮。

杨修之死，表面上看是因为他卷入了立嗣之争，但实质上却是因为他和其父一样忠于汉室，并不支持曹魏代汉，导致曹操借故对其痛下杀手。

杨修继承其家族风尚，怀抱忠汉之心而始终不愿更张，终不见容于曹操。曹操又因其"颇有才策"，顾虑其身后的政治形势，出于抑制汉廷势力一切残存的力量的考虑，曹操最终还是举起了对杨修的屠刀。

曹操对杨修的政治立场顾虑重重。杨修的死，意味着弘农杨氏"四世三公"鼎盛局面的终结，也标志着以世家大族为支柱的东汉王朝走到了尽头。

既然杨修是忠于汉室的,那么他为何支持曹植呢?杨修支持曹植与汉魏嬗代是否有关联呢?清代学者宋翔凤在《过庭录》中分析曹植的《三良诗》中"功名不可为,忠义我所安"语,认为曹植有忠于汉室的思想,又说曹操在建安十五年(210)时,自比桓文欲为匡扶之业。曹操这句话的真实性自然值得怀疑,但是曹操自比桓文的时候,又说曹植的想法和他一致,后来曹植失宠,则是曹植"尚执前意"的结果。也就是说,曹植一贯坚持"桓文之业",想对汉室尽匡扶之力,而非取代自立行汉魏嬗代之事。后来曹丕代汉,曹植本来就不见容于其兄,在这种情况下,曹植依然冒着极大风险,"发服悲哭",显示出了对汉室强烈的眷恋。《苏则传》说:"临菑侯植闻魏氏代汉,发服悲哭。"《魏略》中也有记载:"植自伤失先帝意,怨激而哭。"

作为曹操的儿子,曹植的政治立场却出人意料。北魏孝文帝在表达对其弟元勰的信任时,曾经说过:"二曹以才名相忌,我和你以道德相亲。只要克己复礼,就不必再在乎其他的事情了。"在以往对曹丕和曹植相争的解读中,多以"才名相忌"的角度来进行观察,这恐怕只涉及了部分原因,只论及了曹氏兄弟的政治才能,而忽视了他们政治抱负上的差异。曹操曾经说:"始者谓子建,儿中最可定大事。"曹操在这里所说的"定大事",毫无疑问就是指汉魏嬗代之事,由此可见曹操在选择魏太子时,是和行

第九章　身后无传　千古成谜

代汉之事联系在一起的。曹操曾经对曹植寄予厚望，但是后来曹植表现出来的是对汉室的留恋，至少是对行代汉之事不置可否，相较之下曹丕却野心勃勃，曹操最后改弦更张，选定曹丕作为继承人，也就非常容易理解了。

事实上，最初支持曹植的远不止杨修，贾逵、王凌和司马孚这些后来的曹魏开国元勋，都曾经是曹植的支持者。随着以贾逵、王凌为代表的世家大族纷纷放弃汉室，转而支持汉魏嬗代，最后也就只剩坚守内心信念的杨修依然执着地支持曹植，这种孤独的坚守，显然独木难支，难怪杨修自己也说"我故自以死之晚"，他对自己的悲剧结局其实是早有预料的。

杨修作为世家大族中，汉室最后的也是最坚定的支持者，在汉魏嬗代的时代洪流中，显得如此形单影只。杨修心存宏愿托身曹植，然而随着曹植的失败，他终究无法做到匡扶汉室，重现家族荣光。

第十章

文耀后世 生动传奇

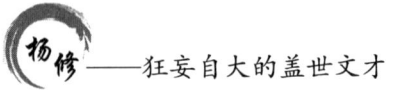

第一节　个人作品

杨修一生著作颇丰,《后汉书》中记载:"修所著赋、颂、碑、赞、诗、哀辞、表、记、书凡十五篇。"另据《隋书·经籍志》记载,有《杨修集》2卷,不幸的是这2卷文稿已失。今存文《答临淄侯笺》《节游赋》《神女赋》《孔雀赋》《出征赋》《许昌宫赋》《司空荀爽述赞》等7篇,其中,《答临淄侯笺》收录在《文选》中,其余6篇收录于严可均的《全上古三代秦汉三国六朝文》(《艺文类聚》也有收录)。杨修又擅长书画,《历代名画记》卷四载《西京图》《严君平像》《吴季札像》并晋明帝题字,传于世。

《答临淄侯笺》一文已经在前文中解析,在此不做赘述。下面我们对杨修的其他现存作品进行简要的赏析。

一、《节游赋》原文及赏析

《节游赋》创作于建安二十三年(218),是与曹植的同题赋作。原文如下:

> 尔乃息偃暇豫,携手同征,游乎北园,以娱以逞。钦太皥之统气,乐乾坤之布灵。诞烟煴之纯和,百卉挺

第十章　文耀后世　生动传奇

而滋生。谷风习以顺时,桡百物而有成。行中林以彷徨,玩奇树之抽英。或素华而雪朗,或红彩而发赪。绿叶白蒂,紫柯朱茎。杨柳依依,钟龙蔚青。纷灼灼以舒葩,芳馥馥以播馨。嗟珍果之丛生,每异类而绝形。禀冲和以固植,信能实而先荣。于是回旋详观,目周意倦。御于方舟,载笑载言。仰沂凉风,俯濯纤腕。极欢欣以从容,乃升车而来反。

大意为:于是你(指游玩的伙伴或主人)便停下忙碌,悠然自得地休息。我们手挽着手一同出游,来到北园漫步,以此娱乐,尽情享受。我们敬畏太皞(伏羲,古代神话中的五天帝之一,掌管春天)所统御的元气,喜悦于乾坤间布施的灵秀之气。春日的和煦之气纯净而温和,使得各种花卉滋生繁茂。山谷间的和风顺应时节吹拂,使万物生长繁茂而有所成就。我们在林中漫步徜徉,观赏那些奇异的树木抽出新芽。有的花朵素白如雪,有的则红得如火般绚烂。绿叶配以白色的花蒂,紫色的枝条上生长着红色的茎干。杨柳随风轻摆,青翠欲滴,钟龙也蔚然成青。花朵纷纷扬扬地绽放,芳香四溢,香气扑鼻。啊,那些珍贵的果树丛生在一起,每一类都形态独特,各不相同。它们禀受着和谐的天地之气而稳固生长,确实能够做到先开花后结果。于是我们在这园中来回观赏,直到疲倦,仍意犹未尽。我们登上小船,边说边笑。抬头迎着凉风,低头洗涤纤细的手腕。尽情享受着这欢愉而从容的时光,最终我们乘车而归。

杨修的《节游赋》以细腻的笔触描绘了一幅春日游园的画卷。文章开篇便点明了游玩的闲适与愉悦,通过"息偃暇豫""携手同征"等词句,展现出游伴们轻松自在的心情。接着,作者以丰富的想象力,将北园的春色描绘得生动而迷人,无论是对"钦太皞之统气"的敬畏,还是对"诞烟煴之纯和"的赞叹,都透露出作者对自然之美的热爱与敬畏。在描绘园中景象时,作者运用了丰富的色彩和生动的比喻,如"素华而雪朗""红彩而发赪"等,使得画面既色彩斑斓又富有诗意。同时,通过对"绿叶白蒂""紫柯朱茎"等细节的描绘,也展现出了作者敏锐的观察力。文章还通过"仰沂凉风""俯濯纤腕"等动作描写,以及"极欢欣以从容"的情感抒发,进一步烘托了游玩的欢乐氛围。最终,作者以"乃升车而来反"作为结尾,既点明了游玩的结束,又留下了无尽的回味。总的来说,《节游赋》以生动的描绘、细腻的情感和丰富的想象力,为我们呈现了一幅春日游园的美丽画卷,同时也表达了作者对自然之美的热爱与追求。

第十章 文耀后世 生动传奇

二、《神女赋》原文及赏析

原文如下:

> 惟玄媛之逸女,育明曜乎皇庭,吸朝霞之芬液,澹浮游乎太清。余执义而潜厉,乃感梦而通灵。盛容饰之本艳,奂龙采而凤荣。翠黼翚裳,纤谷文袿。顺风揄扬,乍合乍离。飘若兴动,玉趾未移。详观玄妙,与世无双。华面玉粲,鞇若鞭蓉。肤凝理而琼絜,体鲜弱而柔鸿。回肩襟而动合,何俯仰之妍工。嘉今夜之幸遇,获帷尝乎期同。情沸踊而思进,彼严厉而静恭。微讽说而宣谕,色欢怿而我从。

大意是:有一位超凡脱俗的美女,她在皇宫庭院中绽放着明亮的光彩,呼吸着朝霞的芬芳精气,在清澈的太空中悠然浮游。我坚守道义,暗中磨砺自己,于是因感应梦境而获得了与神女相通的灵性。她盛装打扮,本已娇艳无双,再加上龙纹凤彩的华服,更是熠熠生辉。她身着翠绿的黼黻图案衣裳,穿戴着带有飞翚图案的裙裾,轻薄细腻,谷纹隐现。随着微风轻轻摇曳,她时聚时散,飘动时如同云雾升起,但玉足却未曾移动分毫。我仔细观察她的玄妙之处,发现她在这个世界上是独一无二的。她的面容如同美玉般璀璨,美丽得就像绽放的芙蓉。肌肤细腻光滑,如同美玉般洁白无瑕,体态柔弱轻盈,宛如飞鸿。她转身时衣襟舞动,无论俯仰,每一个动作都展现出了无比的美丽与工巧。我很庆幸今夜能如此幸运地遇见她,获得了与她共度美好时光的机会。我心中激情涌动,想要更进一步亲近她,但她保持着庄重和恭敬的态度。我轻轻地开导并试图传达我的心意,她脸上露出喜悦的神色,开始顺从我。

杨修的《神女赋》通过细腻的文字描绘了一位超凡脱俗、美丽绝伦的神女形象。作者运用丰富的想象力和华丽的辞藻,将神女的形象刻画得栩栩如生,让读者仿佛能够目睹她的美貌与气质。文章开篇即以"惟玄媛之逸女"引出主角,随后通过"育明曜乎皇庭""吸朝霞之芬液"等描绘,突出了神女的超凡脱俗和与自然的亲近。而"盛容饰之本艳,奂龙采而凤荣"等描写,则进一步展现了神女华美非凡的装扮。在刻画神女的动态和神态时,作者运用了一系列生动的比喻和形象的描写,如"顺风揄扬,乍合乍离""飘若兴动,玉趾未移"等,既描绘了神女的轻盈飘逸,又凸显了她超凡脱俗的气质。文章通过"详观玄妙,与世无双""肤凝理而琼絜,体鲜弱而柔鸿"等描写,强调了神女的独特与美丽,让人感受到作者对神女的无限赞美和倾慕。通过

第十章 文耀后世 生动传奇

"情沸踊而思进,彼严厉而静恭"等情感描写,作者表达了自己对神女的倾慕与向往,以及神女对自己的庄重,使得整篇文章情感饱满,充满了浓厚的浪漫色彩。

《神女赋》以华丽的辞藻、生动的描绘和浓郁的情感,展现了杨修卓越的文学才华和对美的独特追求。

三、《许昌宫赋》原文及赏析

原文如下:

> 于是仪北极以构橑,希形制乎太微。□□□□□,结云阁之崔嵬。植神木与灵草,纷翁蔚以参差。尔乃置天台于辰角,列执法于西南。筑旧章之两观,缀长廊之步栏。重闱禁之窈窕,造华盖之幽深。俭则不陋,奢则不盈。黎民子来,不督自成。于是天子乃具法服,戒群僚。钟鼓隐而雷鸣,警跸嘈而响起。晻蔼(一作"晻暧")低徊,天行地止,以入乎新宫。临南轩而向春,方负黼黻之屏风。凭玉几而按图书,想往昔之兴隆。

大意为:(工匠们)依照北极星的方位来构建宫殿的架构,并希望其形制能与天上的太微垣相媲美。他们建起了高耸入云的楼阁，使其巍峨壮观。在宫殿中种植了神木与灵草，这些植物茂盛而参差不齐，增添了宫殿的生机与灵气。接着，在宫殿的扆（屏风）角设置了天文台，以观测天象；在西南方则排列着执法机构，以维护宫中的秩序。又筑起了两座对称的观楼，这是沿袭古代的典章制度；并连接起长长的走廊，上面设置了步行栏杆，供人漫步观赏。宫殿的深闺禁地幽深曲折，而华盖高耸，遮天蔽日。整个宫殿既不过于简陋，也不显得奢侈过度，恰到好处。百姓们自动前来参与建设，无需督促便能自觉完成。

于是，天子穿上了法服，告诫群臣要恪尽职守。钟鼓之声隐约而和谐地响起，警戒车队喧闹而过，声音回荡在空中。整个天地仿佛都沉浸在这庄严而神圣的氛围中，一切都变得低回婉转，天行地止，以迎接天子进入新宫。天子来到南面的轩窗旁，面对着春天的美景，身后是绘有龙凤图案的屏风。他凭靠着玉几，翻阅着图书典籍，回想着往昔的繁荣昌盛。

杨修的《许昌宫赋》通过细腻的笔触和丰富的想象力，描绘了一座宏伟壮观的宫殿及其周围的景致，同时展现了天子入驻新宫的庄严场景。文章开篇即以"仪北极以构橑，希形制乎太微"点明了宫殿的建造理念，即模仿天上的星宿布局，使其既具有人间建筑的雄伟，又蕴含着天地的灵气。接着，通过"结云阁之崔嵬""植神木与灵草"等描写，进一步展现了宫殿的壮丽与

第十章 文耀后世 生动传奇

生机。在描述宫殿布局时,作者运用了"置天台于宸角,列执法于西南"等细节描写,既展现了宫殿的功能,又突出了其庄严与秩序。同时,"筑旧章之两观,缀长廊之步栏"等描写,则展现了宫殿的古朴与雅致。在描绘天子入驻新宫的场景时,作者通过"钟鼓隐而协鸣,警跸嘈而响起"等声音描写,以及"晻蔼低徊,天行地止"等描写,营造了一种庄严而神圣的氛围。最后,通过对天子"凭玉几而按图书,想往昔之兴隆"的描写,展现了天子对往昔繁荣昌盛的怀念与对未来的展望。

总的来说,《许昌宫赋》以细腻的笔触、丰富的想象力和浓郁的文化底蕴,展现了杨修卓越的文学才华和对美的独特追求。同时,通过描绘宫殿的壮丽与天子入驻新宫的庄严场景,也表达了作者对皇权的敬畏与对美好生活的向往。

四、《出征赋》原文及赏析

原文如下:

> 嗟夫吴之小夷,负川阻而不廷。肇天子之命公,总九伯而是征。整三军而饬戒,殄征夫而叛惊。舫翼华以鳞集,苍鹰杂以星陈。塞川原而上下,蔽城隍而无垠。于是州牧覆舟,水衡戒事,饬师就部,乃讲乃试。信大

海之可横，焉江湖之足忌。公命临淄，守于邺都。侯怀大舜，乃号乃谋。茂国事之是勉兮，叹经时而离居。企欢爱之偏处兮，独搔首于城隅。

泛从风而回舻，徐日转而月移。旆已入乎河口，殿尚集于园池。处者□垂拱而基安，观者若结驷□□□。

大意为：啊，那吴国，不过是个小小的偏僻之国，凭借着江河天险，竟敢不服从朝廷的统治。于是，天子下令给曹公，让他统率九州之地的军队，去征讨四方。我们整顿好三军，严明纪律，准备出征，让那些征战的士兵和叛乱的敌人闻风丧胆。战船如华丽的翅膀般密集排列，如同鱼鳞一般；战士们则像苍鹰一样，与星辰为伍，排列成阵。他们堵塞了河流平原，上下奋战，遮蔽了城墙和护城河，无边无际。

于是，各州的州牧纷纷准备船只，水军也整装待发。我们整顿军队，分配好各部，开始演练和试战。我们坚信，大海都可以横渡，何况是那些小小的江湖，根本不足以成为我们的阻碍。曹公命令临淄侯曹植留守邺都，以稳定后方。曹植心中怀着对大舜（此处可能借指贤明的君主或理想的政治状态）的敬仰，积极出谋划策。我勉励自己要努力为国家效力，却感叹因为时局的变迁而不得不与家人分离。我渴望能与亲人和朋友欢聚一堂，却只能

第十章　文耀后世　生动传奇

独自在城角搔首叹息。

战船随着风向缓缓掉头,太阳西下,月亮升起,时间悄然流逝。军队的旗帜已经驶入河口,而后面的宫殿和军队还在园林池沼处集结。留守在后方的人们安然垂拱而治,基业稳固;而观战的人们则像4匹马拉的车队一样聚集在一起(此处可能形容人数众多,场面壮观,但原文中部分文字缺失)。

杨修的《出征赋》以出征吴国为背景,通过生动的描绘和细腻的情感表达,展现了军队的威武与出征的壮烈,同时也流露出作者对家乡和亲人的深深眷恋以及对留守在后方人员的安稳生活的向往。文章开篇即以"嗟夫吴之小夷,负川阻而不廷"点明了出征的原因,即吴国仗着地理优势,不臣服于朝廷。接着通过"肇天子之命公,总九伯而是征"等描写,展现了朝廷的权威和出征的正义性。在描述军队出征时,"整三军而饬戒,殄征夫而叛惊"等词句,既展现了军队的严明纪律和威武气势,也突出了其对敌人的震慑力。在描绘战船和战士时,"舫翼华以鳞集,苍鹰杂以星陈"等生动的比喻和形象的描写,使得画面既壮观又富有诗意。同时,"塞川原而上下,蔽城隍而无垠"等描写,也进一步凸显了军队的浩大声势。然而,在壮丽的出征场景中,作者也不忘表达对家乡和亲人的深深眷恋。"茂国事之是勉兮,叹经时而离居。企欢爱之偏处兮,独搔首于城隅。"这些诗句中流露出作者内心的矛盾和挣扎，既想要为国家大事而努力，又感叹因时事变迁而不得不离别家乡和亲人。这种情感的真实流露，使得文章更加具有感染力和人性关怀。

最后，通过"泛从风而回舻，徐日转而月移"等描写，作者将读者的视线从战场拉回到现实中，展现出一种宁静的氛围。而"处者□垂拱而基安，观者若结驷□□□"（此处失部分文字，但根据上下文可推测其意）则暗示了战争结束后，留守在后方的人们享受着和平与安宁的生活；而观战的人们也纷纷散去，回归到各自的生活中。这种对和平生活的向往，使得文章在壮丽与悲壮之中又增添了一份宁静与希望。总的来说，《出征赋》以生动的描绘、细腻的情感表达和浓郁的文化底蕴，展现了杨修卓越的文学才华和对战争的独特感悟。同时，通过描绘出征的壮烈和对家乡亲人的眷恋以及对和平生活的向往，也表达了作者对战争的反思。

五、《孔雀赋》原文及赏析

原文如下：

魏王园中有孔雀，久在池沼，与众鸟同列。其初至也，甚见奇伟，而今行者莫眡。临淄侯感世人之待士，

第十章　文耀后世　生动传奇

亦咸如此，故兴志而作赋，并见命及。遂作赋曰：

有南夏之孔雀，同号称于火精。寓鹑虚以挺体，含正阳之淑灵。首戴冠以饰貌，爰龟背而鸾颈。徐轩翥以俯仰，动止步而有程。

大意为：在魏王的园林中，有一只孔雀，长久以来生活在池塘湖泊之中，与众多的鸟儿一同栖息。它刚到这里的时候，人们都觉得它非常奇特雄伟，然而现在，即便是路过的人也不再特别留意它。临淄侯曹植感慨世人对待士人的态度，也大多像对待这只孔雀一样，起初看重，而后便渐渐忽视。因此，他心生感慨，创作了这篇赋，并且我也是因此受命而作的（这里的"见命及"可能是指曹植的创作启发了杨修，或者杨修受曹植之命而作此赋，但具体情境已难以考证）。于是，我写下这篇赋：

在南方的华夏大地上，有一种孔雀，它与火精（古代神话中的神鸟，常象征光明和美丽）同享盛名。它在鹑火之虚（古人划分的十二星次之一）中孕育身体，蕴含着正阳（指阳气极盛，通常代表光明和正义）的美好灵气。它的头上戴着美丽的冠羽，装饰着它的外貌，背部像龟甲一样隆起，颈部则如鸾鸟般优雅。它缓缓地展翅飞翔，俯仰之间，每一个动作、每行走一步都显得那么从容不迫，有着一定的节奏和程序。

杨修的《孔雀赋》通过对孔雀的描绘，不仅展现了孔雀的美丽与优雅，更寓意深远地表达了对士人境遇的感慨和思考。文章开篇即点明孔雀的身份和来源，将其与火精相提并论，强调了孔雀的非凡之处。接着，通过"寓鹑虚以挺体，含正阳之淑灵"等描写，展现了孔雀的孕育过程和它所蕴含的灵气，进一步突出了其独特和尊贵。在描绘孔雀的外貌时，"首戴冠以饬貌，爰龟背而鸾颈"等词句，生动地刻画了孔雀的冠羽、背部和颈部的特征，使其形象栩栩如生。同时，"徐轩翥以俯仰，动止步而有程"等描写，则展现了孔雀飞翔和行走时的从容不迫和优雅姿态。

这篇赋的深层含义并不仅仅在于描绘孔雀的美丽。通过"其初至也，甚见奇伟，而今行者莫眎"的对比，以及"临淄侯感世人之待士，亦咸如此"的感慨，作者巧妙地借孔雀的遭遇来隐喻士人在社会中的境遇。起初，士人因才华和品德受到人们的尊重和重视，然而随着时间的推移，他们往往会被忽视甚至被遗忘。这种对士人境遇的深刻反思和感慨，使得这篇赋在赞美孔雀美丽的同时，也充满了对士人命运的同情和关注。总的来说，《孔雀赋》以生动的描绘、深刻的寓意和丰厚的文化底蕴，展现了杨修卓越的文学才华和对士人命运的深刻思考。通过孔雀这一形象，作者巧妙地表达了对士人境遇的同情和关注，以及对美好品德和才华的赞美和追求。

第十章 文耀后世 生动传奇

六、《司空荀爽述赞》原文及赏析

原文如下：

　　生应正性，体含中和。笃诚宣于初言，明允朗于始察。是以在童龀而显奇，渐一纪则布名。须幼之可师，甘罗之少者，何以逾公之性量乎？砥心六经，探索道奥，瞻乾坤而知阴阳之极。载而集之，独说十万余言。士林景附，群英式慕，由毛羽之宗鹏鸾，众山之仰五岳也。昔楚思叔敖而作歌，郑讴子产而兴叹。瞻望弗及，作词告思。

　　词曰：爰在大汉，挺荀作贞。其德允明，诞发幼龄。行蠋体洁，如玉之莹。确乎其志，乃励乃清。遂陟司空，天子是毗。惟君之德，朋僚所咨。清水平土，茂哉是力。将混六合，绳以正直。散以礼乐，夙以道德。

　　大意为：荀爽天生具有正直的品性，体内蕴含着中和之气。他从小就表现出诚恳和正直，说话直截了当，观察事物也十分敏锐和公正。因此，他在儿童时期就显现出了非凡的才智，经过大约12年的时间，他的名声就逐渐传遍了四方。他的品行和才华，即便是年幼时也可以为人师表,像甘罗那样年少有为的人,又怎能超过荀爽的性格和度量呢?他潜心研读"六经",深入探索其中的深奥道理,观察天地万物就能明白阴阳之道。他将这些知识和见解加以记载和整理,独自撰写了10多万言的著作。因此,士林中的人们都像景仰星辰一样依附于他,各路英才也都纷纷仰慕他,就像众鸟归巢于鲲鹏和鸾凤,群山仰望五岳那样。从前,楚国的人们因为怀念孙叔敖而创作了歌曲,郑国的人们因为讴歌子产而发出了赞叹。然而,他们与荀爽相比,都显得望尘莫及。因此,我写下这篇辞章来表达我对荀爽的思念和敬仰。

辞章写道:在大汉王朝,荀爽犹如挺拔的贞松。他的品德光明磊落,从幼年时期就展现了出来。他品行高洁,身体力行,就像晶莹剔透的美玉一样。他志向坚定,不断勉励自己保持清正廉洁。后来,他升任为司空,辅佐天子治理国家。他的品德高尚,是同事们咨询和学习的楷模。他像清水一样洗涤着国土,展现出了卓越的治国才能。他将致力于统一天下,以正直为准则,以礼乐为教化,始终坚守道德原则。

杨修的《司空荀爽述赞》是一篇高度赞扬荀爽品德和才华的辞章。作者通过生动的描绘和深刻的阐述,展现了荀爽正直、高洁、聪明、有才华的形象,并赞扬了他在政治和学术领域取得的卓越成就。

第十章 文耀后世 生动传奇

首先,作者以"生应正性,体含中和"等词句开篇,高度概括了荀爽天生具有的优秀品质和性格特点。接着,通过"笃诚宣于初言,明允朗于始察"等描写,突出了荀爽诚恳正直、观察敏锐的品质。同时,作者还通过"在童龀而显奇,渐一纪则布名"等词句,展现了荀爽从小就表现出非凡才智和逐渐声名远扬的过程。其次,作者通过"砥心六经,探索道奥"等描写,展现了荀爽在学术领域取得的卓越成就。他潜心研读六经,深入探索其中的深奥道理,并将这些知识和见解加以记载和整理,为后世留下了宝贵的文化遗产。同时,作者还通过"瞻乾坤而知阴阳之极"等词句,突出了荀爽对天地万物的深刻洞察和理解。最后,作者通过"爱在大汉,挺荀贞松"等词句,将荀爽比喻为挺拔的贞松,形象地展现了他在政治和学术领域取得的卓越成就和崇高地位。同时,作者还通过"行蠋体洁,如玉之莹"等描写,进一步突出了荀爽高洁的品行和发挥的以身作则的榜样作用。整篇辞章语言生动、意境深远,是一篇高度赞扬荀爽品德和才华的佳作。

纵而观之,杨修的文学作品,以其深邃的思想内涵、精湛的艺术技巧和独特的个性风格,在东汉末年的文坛上独树一帜,展现了其卓越的文学才华和深厚的文化底蕴。他的作品题材广泛,涵盖了赋、颂、碑、赞、诗、哀辞、表、记、书等多种文学体裁,这充分展示了他的文学素养和广泛的创作兴趣。他的作品不仅内容丰富，而且情感真挚，能够深入人心，引起读者的共鸣。例如，他的《孔雀赋》通过描绘孔雀的美丽与优雅，寓意深远地表达了对士人境遇的感慨和思考，既展现了孔雀的非凡，又寄托了作者对世态炎凉的深刻反思。

在艺术技巧方面，杨修的作品表现出了其高超的文学造诣。他善于运用生动的描绘和细腻的刻画，使人物形象栩栩如生，场景描绘也极为逼真。同时，他还善于运用比喻、象征等修辞手法，使作品在表达上更加含蓄而富有哲理。例如，在《司空荀爽述赞》中，他通过将荀爽比喻为挺拔的贞松，形象地展现了荀爽在政治和学术领域取得的卓越成就和崇高地位，这种修辞手法不仅增强了作品的艺术效果，也深化了作品的思想内涵。

杨修的作品还体现了他独特的个性风格和文学追求。他善于独立思考，敢于表达自己的独特见解和感受，这使得他的作品在思想和艺术上都具有一定的超前性和创新性。他追求文学作品的真实和自然，反对矫揉造作和虚伪浮夸，这种文学追求在当时的社会背景下显得尤为难能可贵。当然，杨修的文学作品也存在一些不足之处。例如，他的作品有时过于追求技巧和形式上的完美，而在一定程度上忽视了内容的深度和广度。同时，由于他个人的遭遇和时代背景的限制，他的作品也难免带有一些政治色彩。尽管如此，我们仍然不能否认杨修在文学领域所取得的卓越

第十章 文耀后世 生动传奇

成就和其作出的重大贡献。

第二节 多面形象

杨修作为东汉末年著名的政治家与文学家,其一生虽短暂却充满传奇色彩。由于他壮年殒命,流传于世的文字资料极少,其真实的人物形象与性格特征不为后人完全知晓。然而,这并未妨碍后人对杨修形象的塑造与传播。在历史文献、文学作品、戏曲影视作品等多个领域,杨修的形象被赋予了不同的色彩与内涵,形成了多面而丰富的形象。笔者将从《三国志》《世说新语》等史料中的历史形象,《三国演义》《杨修之死》等文学作品中的文学形象,以及《曹操与杨修》《大军师司马懿之军师联盟》等戏曲影视作品中的艺术形象三个方面,对杨修的多面形象进行详细比较与论述。

一、杨修的历史形象

在《三国志》等历史文献中,对杨修的形象描写相对客观,更多地体现了其作为政治家与文学家的双重身份。据《三国志·杨修传》记载,杨修"为人好学,有才思,工草隶,年二十五,太祖辟为丞相掾属,迁主簿"。这表明杨修自幼好学,才华横溢,且擅长书法,建安年间便被曹操辟为丞相掾属,后来升任主簿,成为曹操的重要幕僚。

在历史文献中,杨修聪明机智、才思敏捷。例如,《三国志》中提到杨修曾数次猜中曹操的心意,如"一合酥"的故事以及"门内添活"的解谜等,都展现了杨修的机智与敏锐。然而,这些故事也透露出杨修过于张扬、不拘小节的性格特征,为他后来的悲剧命运埋下了伏笔。

同时,历史文献中的杨修也展现出其作为文学家的才华。他著有《答临淄侯笺》《节游赋》《神女赋》《孔雀赋》等作品,虽然大部分已失传,但从仅存的残篇中仍可窥见其文学造诣之深。这些作品不仅体现了杨修的文学才华,也反映了他对世态炎凉的深刻洞察与感慨。

二、杨修的文学形象

在《三国演义》等文学作品中,杨修的形象被赋予了更多的情感色彩与戏剧色彩。作为一部历史小说,《三国演义》在塑造杨修形象时,既保留了其历史原型的基本特征,又对其进行了艺术加工,使杨修的形象更加鲜明而立体。

在《三国演义》中,杨修被描绘为一位才华横溢、机智过人但又不失傲骨的文学家与政治家。他多次凭借自己的聪明才智猜

第十章 文耀后世 生动传奇

中曹操的心意,然而,这些行为也引起了曹操的猜忌与不满,最终导致了他被杀的悲剧命运。

与《三国志》相比,《三国演义》中的杨修形象更加生动而富有情感。他不仅是一位才华横溢的文学家,更是一个有血有肉、有情有义的人。他对曹操的忠诚与敬仰,对朋友的真诚与关怀,以及对自身命运的无奈与抗争,都通过其笔触得到了淋漓尽致的展现。

三、杨修的艺术形象

在《曹操与杨修》《大军师司马懿之军师联盟》等戏曲影视作品中,杨修的形象更具艺术表现力与感染力。这些作品通过演员精湛的演技、逼真的场景与音效以及引人入胜的情节设计,将杨修的形象塑造得更加立体而生动。

在戏曲影视作品中,杨修被描绘为一位才华横溢但命运多舛的文学家与政治家。他既有着对权力的渴望与追求,又有着对理想与信念的坚守与执着。他与曹操之间的恩怨情仇、与司马懿之间的智勇较量、与朋友们之间的真挚情感以及他面对死亡时的从容与豁达都通过演员的精湛演技得到了淋漓尽致的展现。

与文学作品相比,戏曲影视作品中的杨修形象更加直观而生动。观众可以通过演员的表演与情节的发展直观地感受到杨修的情感变化与内心世界。同时，这些作品也通过巧妙的情节设计与场景布置将杨修所处的时代背景与社会环境展现得淋漓尽致，使观众能够更加深入地理解杨修的形象与命运。

四、多面形象的比较

通过对比历史文献、文学作品与戏曲影视作品中的杨修形象，我们可以发现它们之间既存在相似之处又存在显著差异。在历史文献中，杨修的形象刻画相对客观，更多地体现了其作为政治家与文学家的双重身份；在文学作品中，杨修的形象被赋予了更多的情感色彩，被塑造成一位才华横溢但命运多舛的文学家与政治家；而在戏曲影视作品中，杨修的形象则更加直观而生动，通过演员的精湛演技与情节的发展，观众可以更加深入地感受到他的情感变化与内心世界。

杨修的多面形象在历史文献、文学作品与戏曲影视作品中得到了生动而立体的展现。这些形象既相互关联又各具特色，共同构成了我们对杨修这一历史人物的全面认知与深刻理解。通过对这些形象的比较，我们不仅可以更加深入地了解杨修这一历史人物的生平事迹与性格特点，也可以更加深刻地感受到历史文化的魅力与价值所在。同时，这些形象也为我们提供了宝贵的启示与思考：在追求权力与理想的过程中，我们应该如何坚守自己的信

第十章 文耀后世 生动传奇

念与原则？在面对困境与挑战时，我们又应该如何保持冷静与智慧？这些问题不仅值得我们深思与探讨，也将成为我们不断前行的动力与指引。

附 录

杨修年表

熹平四年(175),杨修出生于司隶部弘农郡华阴县(今陕西华阴)。

初平元年(190),求学于四知书院。

建安元年(196),在许县主持月旦评。

建安二年(197),曹操假借衣带诏将杨彪下狱,杨修智救父亲。

建安五年(200),被曹操器重,举孝廉,任郎中。

建安六年(201),任曹操司空府(后升为丞相府)署仓曹属。

建安十二年(207),曹操征袁绍,杨修出策将竹片用于制作竹盾,众伏其辩悟。

建安十三年(208),任丞相府主簿,此年始与曹植交好。

建安十六年(211),妙解曹娥碑。

附　录

建安十八年（213），巧辩"一合酥"。

建安二十一年（216），杨修改门。

建安二十二年（217），因司马门事件，杨修辅佐曹植参与夺嫡失败。

建安二十四年（219），发生汉中之战"鸡肋"事件。同年秋，曹操以前后漏泄言教，交关诸侯，收杀之。

后 记

  在浩瀚的历史长河中，无数英雄豪杰、文人墨客如星辰般璀璨夺目，然而，总有一些名字，被岁月的尘埃轻轻掩盖，他们的故事与才华，等待着有心人去发掘、去重塑。我，鬼使神差成了众多有心人之一，用了一年的时光，倾注心血，撰写了这部《杨修：狂妄自大的盖世文才》。

  初为史料少而困顿，写作中因为工作与生活多事而搅扰不断，写作进程一度受挫，恨不得早一点儿把杨修"写死"而完稿。但是，通过日积月累地到处网罗搜集相关佐证史料，在不断加深对史料的理解之后，尤其拨开史料之间隐秘的逻辑网后，一个因史料极少而在历史中消失了的"杨修"，在字里行间渐渐恢复了气息。

  杨修，这个名字在三国时期的历史画卷中，或许并不如曹操、刘备、孙权那般显赫，也不及诸葛亮、周瑜般为人熟知。然而，他却是那个时代一位不可忽视的智者，一位才华横溢、命运多舛的文人。正史中，关于杨修的记载寥寥无几，没有为他立下

后 记

专门的传记，仿佛他的一生只是历史的匆匆过客。然而，正是这份稀缺的史料，激发了我探索的欲望，让我决心要还原一个真实、鲜活的杨修。

撰写这部传记的过程，可谓充满了艰辛与挑战。面对极少的史料，我如同在茫茫大海中寻找一粒珍珠，每一个字、每一句话都需反复推敲、仔细斟酌。为了尽可能地还原杨修的真实面貌，我不仅深入研究了《三国志》等正史文献，还广泛涉猎了后人对三国的解读与评论，甚至观看了多部与三国相关的影视作品。这些看似零散的碎片，却在我心中逐渐汇聚成一幅完整的画卷，让我得以窥见杨修那复杂而多彩的人生。

在撰写过程中，我遇到了许许多多的困难与挫折。有时，我会因为找不到关键的史料而陷入迷茫；有时，我会因为对某个历史事件的解读存在分歧而犹豫不决；更有时，我会因为长时间的写作而感到身心疲惫，甚至萌生了放弃的念头。然而，每当这个时候，我都会想起妻子和女儿那鼓励的眼神，想起赵维宁编辑这位老同学的不断鞭策。他们是我前行的动力，是我坚持下去的勇气。

妻子总是在我最疲惫的时候，默默地为我泡上一杯热茶，用她那温柔的话语安慰我、鼓励我。女儿则会用她那稚嫩的小手，捧着我的脸，告诉我："爸爸，你是最棒的！我相信你一定能写出最好的小修修！"她们的爱与支持，让我感受到了家的温暖与力量，也让我更加坚定了要完成这部传记的决心。

赵维宁编辑则是我写作路上的良师益友。他不仅在我迷茫时给予我方向性的指导，还在我遇到困难时，耐心地与我探讨、交流。他的专业与严谨，让我深受启发；他的鞭策与鼓励，则让我不断前行。正是有了他的帮助与支持，我才能够顺利地完成这部传记的撰写。

终于，在经历了300多个日夜的奋斗后，书稿终于完成。当我手捧着这部沉甸甸的稿件时，我的心中充满了难以言表的激动与喜悦。这部传记不仅是我对杨修这一历史人物的致敬与缅怀，更是我对自己写作生涯的一次重要突破与成长。

在这部传记中，我尽力还原了杨修的真实面貌。他不仅仅是一个聪明过人、才华横溢的文人，更是一个有血有肉、有情有义的人。他敢于直言不讳，善于察言观色、洞悉人心；他才策惊人、诗文出众；他忠诚护主，不惜以身犯险、挺身而出。然而，正是这些优秀的品质与才华，让他成了那个时代政治斗争的牺牲品。他的悲剧命运不仅让人扼腕叹息，更引人深思。

通过这部传记，我希望能够带给世人一个不一样的杨修。他不再是课本中那个只会耍小聪明的形象，也不再是演义作品中那个恃才傲物、目中无人的形象，而是一个有血有肉、有情有义、

后 记

才华横溢、命运多舛的智者。他的一生虽然短暂却充满了传奇色彩；他的故事虽然简单却蕴含着深刻的哲理。

当然，作为一部传记作品，我深知自己的水平与经验有限，在撰写过程中难免存在疏漏与不足。但我相信随着时间的推移与研究的深入，这些不足都将得到弥补与完善。同时，我也希望这部作品能够激发更多人对杨修这一历史人物的关注与研究，让更多的人了解他的故事与才华。

在撰写这部传记的过程中，我深刻地感受到了历史的厚重与文化的魅力。每一个历史人物都是那个时代的缩影与见证者，他们的故事与经历都蕴含着丰富的历史与文化内涵。通过撰写传记作品，我们不仅能够更好地了解这些历史人物本身，还能够从中汲取智慧与力量，为我们今天的生活与工作提供有益的借鉴与启示。

最后，我要再次感谢所有支持我、帮助我完成这部传记的人。感谢我的妻子和女儿给予我无私的爱与支持；感谢赵维宁编辑给予我专业的指导与鞭策；感谢所有关心我、鼓励我、支持我的朋友。正是因为有了你们的陪伴与支持，我才能够顺利地完成这部传记的撰写。

此部作品不仅是对杨修这一历史人物的致敬与缅怀，更是我自己写作生涯的一个重要里程碑。它让我更加坚定了自己的信念与追求，也让我更加热爱这份充满挑战与机遇的写作事业。我相信在未来的日子里，我会继续用文字去书写更多精彩的故事与传奇！

刘维贵

于三学堂